中外巨人传

郭 守 敬

范秋梅 著

辽海出版社

图书在版编目（CIP）数据

郭守敬 / 范秋梅 著. —沈阳：辽海出版社，2014.8
ISBN 978-7-5451-3037-9

Ⅰ．①郭…　Ⅱ．①范…　Ⅲ．①郭守敬（1231～1316）—传记
Ⅳ．①K826.1

中国版本图书馆 CIP 数据核字（2014）第 167237 号

责任编辑：柳海松
责任校对：顾　季
装帧设计：马寄萍

出 版 者：辽海出版社
　　地　　址：沈阳市和平区十一纬路 25 号
　　邮　　编：110003
　　电　　话：024-23284473
　　E-mail:dyh550912@163.com
印 刷 者：天津海德伟业印务有限公司
发 行 者：辽海出版社

幅面尺寸：165mm×230mm
印　　张：10
字　　数：102 千字

出版时间：2016 年 5 月第 1 版
印刷时间：2019 年 1 月第 2 次印刷
定　　价：25.00 元

● 目　录 ●

001 前言 ....

001 一、成长的因素 ....

002 （一）成长痕迹 ....

005 （二）家庭背景 ....

011 （三）社会背景 ....

029 二、科学人生 ....

029 （一）科学思想 ....

034 （二）科学方法 ....

044 （三）科学成就 ....

070 三、政治人生 ....

073 四、科学研究的局限

075 五、郭守敬与旅游遗产

107 附录1

119 附录2

138 附录3

前 言

郭守敬（1231—1316），字若思，汉族，顺德邢台（今河北邢台）人。生于元太宗三年，卒于元仁宗延祐二年。中国元朝的天文学家、数学家、水利专家和仪器制造专家。也是十三世纪世界上杰出的科学家。他修治了包括通惠河在内的许多河渠。又受命朝廷，与王恂、许衡等人共同编制了《授时历》。《授时历》在中国施行达 360 年，是中国历法史上施行最久的历法。郭守敬还注重天文学实践，长于制造仪器，创造和改进了简仪、仰仪、高表、候报仪、景符和窥几等十余件观测天象的仪器，同时又在全国各地设立二十七个观测站，进行规模巨大的测量工作，重新观测了二十八宿及其他一些恒星的位置，测定了黄赤交角，达到极高的精确度。郭守敬卒于 1316 年，终年 85 岁。他一生有十几项科技成就领先世界水平，为人类科学事业作出了巨大贡献。20 世纪 60 年代，邮电部发行了两枚郭守敬纪念邮票；70 年代，国际天文学组织将月球背面的一座环形山和太空中编号为 2012 号的小行星以郭守敬的名字命名。他的一生主要是从事科学研究工作，在科学活动中，他精心观察客观事物的特点，从中掌握它们的发展规律；

他能很好地发现和总结劳动人民的发明创造，从具体实践中得到运用和提高；他善于从别人的经验教训中吸取有用的东西，取长补短，使自己的科学研究事业逐渐趋于完善。他的学生齐履谦在《郭公行状》中这样评价他"公以纯德实学为世师法，然其不可及者有三：一曰水利之父，二曰历数之学，三曰仪象制度之学"。简短几句话，高度概括了郭守敬的科学成就和严谨务实的科学风范。

大体来说，对郭守敬传记资料的整理方面，郭守敬纪念馆的期刊，陈美东的《郭守敬评传》等多部书籍，这些论著研究问题的视角、关注的内容各不相同，本书通过对郭守敬成长的因素、科学人生及政治人生的分析和评价，并对郭守敬给人类留下的旅游遗产进行了梳理，这在研究郭守敬及元朝时期的旅游具有重要的意义，对旅游学科领域的研究具有一定的价值。

本书广泛吸收了现有的研究成果，对郭守敬的自然人生、科学人生、政治人生进行概括总结，对郭守敬的科学思想进行深入的探讨，并对郭守敬对中国科学发展的贡献进行科学的评述，以此为后人学习借鉴之。同时，在本书编写过程中参阅并引用了国内外许多学者的研究成果，在此一并表示诚挚的谢意！

一、成长的因素

郭守敬（1231—1316），字若思，汉族，顺德邢台（今河北邢台）人。生于元太宗三年，卒于元仁宗延祐二年。中国元朝的天文学家、数学家、水利专家和仪器制造专家。也是十三世纪世界上杰出的科学家。他精通天文、水利、数学、地理学、农学，他还是一位卓越的工程师、出色的政治家，而且也是一位名副其实的旅行家。他的一生主要是从事科学研究工作，在科学活动中，他精心观察客观事物的特点，从中掌握它们的发展规律；他能很好地发现和总结劳动人民的发明创造，从具体实践中得到运用和提高；他善于从别人的经验教训中吸取有用的东西，取长补短，使自己的科学研究事业逐渐趋于完善。郭守敬（1231—1316 年）——我国古代科技的旷世奇才，和祖冲之等人被称为我国古代卓有成就的科技大家。在他一生的科技成就中，有二十几项遥遥领先当时世界水平，为人类科学事业的发展作出了巨大贡献。

二十世纪七十年代，国际天文学组织把月球背面的一座环形山和太空中编号为 2012 号的小行星分别以郭守敬命名，以纪念他在天文学上的伟大贡献。他在天文学及天文仪器制造中成绩斐然，在水利方面的成就也同样令世人惊叹。

综观郭守敬的一生，他对科学技术的贡献是很大的。在31岁以前，是他勤奋学习，增长才干并在天文和水利方面初露锋芒的时期。31岁到45岁和60岁到62岁这两个阶段，他在水利工程方面大显身手，前后向朝廷提出了兴修二十多项水利工程的建议，治理了大大小小数百处河渠泊堰工程，其中不少是高质量的水利工程，在中国古代水利史上写下了光辉的一页。在他46岁至59岁和63岁到67岁这两个阶段，还在天文、仪器制造、天文观测和历法编算诸方面作出了巨大的成就。

郭守敬成长的经历是与他的家庭、当时的社会环境及个人心理发展历程是分不开的。心理、生理、环境等也是影响一个人成长的关键因素，因此认真分析郭守敬成长的经历及成才的原因和影响因素，对于后人来说无疑是一种启迪。

（一）成长痕迹

郭守敬幼承祖父郭荣家学，攻研天文、算学、水利。至元十三年（公元1276年）元世祖忽必烈攻下南宋首都临安，在统一前夕，命令制订新历法，由张文谦等主持成立新的治历机构太史局。太史局由王恂负责，郭守敬辅助。在学术上则王恂主推算，郭主制仪和观测。至元十五年（或十六年），太史局改称太史院，王恂任太史令，郭守敬为同知太史院事，建立天文台。当时，有杨恭懿等来参予共事。经过四年努力，终于在至元十七年编出新历，经忽必烈定名为《授时历》。《授时历》是中国古代一部很精良的历法。王恂、郭守敬等人曾研究分析汉代以来的四十多家历法，吸取各历之长，力主制历应"明历之理"（王恂）和"历之本在于测验，而测验之器莫先仪表"（郭守敬），采取理论与实践相结

合的科学态度，取得许多重要成就。郭守敬和王恂、许衡等人，共同编制出我国古代最先进、施行最久的历法《授时历》。为了编历，他创制和改进了简仪、高表、候极仪、浑天象、仰仪、立运仪、景符、窥几等十几件天文仪器仪表；还在全国各地设立二十七个观测站，进行了大规模的"四海测量"，测出的北极出地高度平均误差只有 0.35；新测二十八宿距度，平均误差还不到 5'；测定了黄赤交角新值，误差仅 1' 多；取回归年长度为 365.2425 日，与现今通行的公历值完全一致。郭守敬编撰的天文历法著作有《推步》《立成》《历议拟稿》《仪象法式》《上中下三历注式》和《修历源流》等十四种，共 105 卷。为纪念郭守敬的功绩，人们将月球背面的一环形山命名为"郭守敬环形山"，将小行星 2012 命名为"郭守敬小行星"。郭守敬为修历而设计和监制的新仪器有：简仪、高表、候极仪、玲珑仪、仰仪、立运仪、证理仪、景符、窥几、日月食仪以及星晷定时仪 12 种（史书记载称 13 种，有的研究者认为末一种或为星晷与定时仪两种）。在大都（今北京），郭守敬通过三年半约二百次的晷影测量，定出至元十四年到十七年的冬至时刻。他又结合历史上的可靠资料加以归算，得出一回归年的长度为 365.2425 日。这个值同现今世界上通用的公历值一样。中国古历自西汉刘歆作《三统历》以来，一直利用上元积年和日法进行计算。唐、宋时，曹士等试作改变。《授时历》则完全废除了上元积年，采用至元十七年的冬至时刻作为计算的出发点，以至元十八年为"元"，即开始之年。所用的数据，个位数以下一律以 100 为进位单位，即用百进位式的小数制，取消日法的分数表达式。晚年，郭守敬致力于河工水利，兼任都水监。至元二十八至三十年，他提出并完成了自大都到通州的运河（即

白浮渠和通惠河）工程。至元三十一年，郭守敬升任昭文馆大学士兼知太史院事。他主持河工工程期间，制成一些精良的计时器。

以下是郭守敬的大事年记，具体见下表1：

表1　郭守敬大事年表

公元纪年	年龄	大事记
1231	1	出生于邢州邢台县（今河北邢台）
1245-1246	15-16	得宋燕肃莲花漏拓本，能完全明究其原理，作竹制浑天仪，积土为台，进行星象观测。
约1247-1249	17-19	随僧子聪——刘秉忠、张文谦、张易、王恂等共学于磁州（今河北磁县）武安县紫金山
1251	21	应邢州安抚使张耕、商榷史之邀，治理邢州城北达活泉等三条河道，四十天完成
1260	30	在大名按昔年莲花漏图原理，鼓铸铜漏壶
1262	32	与忽必烈面陈兴修水利六事，授提举诸路河渠之职
1263	33	升任佩银符副河渠使
1264	34	修六十八条，探黄河之源
1265	35	西夏人为郭守敬立祠，任都水少监
1271	41	升任都水监
约1271-1274	41-44	提出"海拔"的观念
1276	46	任工部郎中
1276-1278	46-48	制作天文仪器共17件，求得回归年长度365.2425日
1278	48	任同知太史院
1279	49	进行四海测验
1280	50	授时历告成，并宣布启用
1286	56	任太史令
1286-1290	56-60	继续完成天文仪器及天文著作的制作与编写工作　　续表

公元纪年	年龄	大 事 记
1291	61	修京杭大运河及十一项水利工程。
1294	64	升任昭文馆大学士，知太史院事
1296–1297	66–67	作柜香漏，屏风香漏及行漏
1303	73	元廷诏令官员 70 岁可致仕，郭守敬呈请致仕未准，开太史司天官不致仕的先例
1316	86	郭守敬卒，归葬于邢台北三十里，列位乡贤祠

郭守敬为人类所做的贡献是世人瞩目的，人们以各种各样的方式赞美郭守敬，并通过各种形式来纪念他。

742 年前，33 岁的郭守敬因在西夏治水，再现了塞北江南的盛景，当地百姓在渠旁为他立了生祠"郭氏祠"；

1962 年，中国邮电部发行了两枚郭守敬纪念邮票；

1970 年，国际天文组织将月球背面一座环行山命名为郭守敬山；

1977 年，国际天文组织将太空中 2012 号小行星命名为郭守敬星；

1984 年，郭守敬的家乡邢台，在全市最美丽的地方达活泉，为他建立了全市最大规模、最高规格的纪念馆；

2006 年 5 月，首都北京在什刹海风景区又为郭守敬建立了一座高 3.2 米，重 2.5 吨的铜像。

（二）家庭背景

公元 1231 年，郭守敬诞生在河北邢台市西皇镇郭村的普通院落里。与儿时的其他孩子不同，小小的郭守敬自幼便受到良好的科学熏陶。史书记载，郭守敬"生有异操，不为嬉戏事"，爷爷郭

荣"通五经、精于算术水利"，在同伴都已进入梦乡的时候，深邃奥妙的天空被爷爷指点得清晰而明白。

郭守敬的家庭是一个读书世家，郭守敬的父亲大概在早年去世，具体情况和经历已不详。郭守敬从小是跟着祖父长大的。他的祖父郭荣，号鸳水，是金元之际一位颇有名望的学者。他学识丰富，不但通晓五经，还精于数学，天文，水利等多种学术，经常和当地一些士大夫在一起谈论研究学问。在中小地主阶级的家庭中，在祖父的教育影响下，郭守敬小时候就很喜欢学习科学自然等知识。郭守敬志于学而笃于行，他在童年时不爱和年岁相若的孩子们嬉戏，而常常热衷于观察周围自然界发生的各种现象，对书本里讲到的一些事物，他总想搞清楚其中的奥妙。在老祖父的亲自管教下，他继承祖业，每天用心念书，有时候也弄些容易到手的材料做些自己有兴味的玩意。老祖父一面教郭守敬读书，一面也领着他去观察自然现象，体验实际生活。郭守敬自小就喜欢自己动手制作各种器具。有人说他是"生来就有奇特的秉性，从小不贪玩耍"。其实，由于他把心思用到制作器具上，所以就不想玩耍了。

郭守敬就是在他祖父的教养下成长起来的。郭守敬在十五六岁的时候就显露出了科学才能。这是位于邢台市西部的一座著名的风景旅游区，他的名字叫紫金山。紫金山书院位于紫金山山顶，始建于唐代，是一座历史十分悠久的古代书院，被后人称为古代的"清华大学"。

郭守敬十六岁时，在紫金山书院拜刘秉忠为师，潜心学习数学、地理和水利，开始了自己洞天察地的学业。刘秉忠精通经学和天文学。当时他为父亲守丧，在张有读书。郭守敬在他那儿得

到了很大的教益。更重要的是，郭守敬在他那儿结识了一位好朋友王恂。王恂比郭守敬小四五岁，后来也是一位杰出的数学家和天文学家。这一对好朋友后来在天文历法工作中亲密合作，做出了卓越的贡献。

郭守敬有个老朋友，名叫刘侃，字仲晦，后来改名为刘秉忠。此人知识面很广，精研古代的《易经》和宋代邵雍的《皇极经世》，深通天文，算数，地理，音律，三式（术数）等各类学识。他生于邢州，由于不得志，青年时代便出家到武安（今河北武安）丛山中的天宁寺当和尚，法名子聪，自号藏春散人。后来他随一个很受蒙古人信任的海云和尚北上。海云是受封于蒙哥汗掌管天下佛教的一个有权势的僧人。经海云介绍，子聪见到忽必烈。忽必烈甚为器重他，找他在藩邸当顾问，经常向他咨询国家大事。子聪原是与郭荣谈得来的熟朋友，郭荣则对他的博学多识，十分钦佩。大约在郭守敬十多岁时，子聪的父亲死了，子聪回到邢州奔丧。三年服丧期间，他在邢州西南一百四十里的磁州（今河北磁县）武安县的紫金山，与老朋友张文谦，张易一起读书，还带了个原籍唐县（今河北唐县）的少年王恂在一起研习。郭荣趁机叫郭守敬到紫金山去随子聪等一同学习。金末元初，北方民间讲学之风相当盛行。虽然处在战乱年代，各地却常有一些志同道合之士，聚在一起研讨各种学问。所以，元初出仕的那些士大夫中，颇有一些杰出的人才。特别是王恂，他字敬甫，中山唐县（今河北省唐县）人，他比郭守敬小四，五岁，博学多识，是我国历史上出类拔萃的天文数学家。在紫金山研习的这几个人，后来相继进入元廷。有的在政务上做出贡献，有的在科学方面有所发明。这三年中，郭守敬在天文，算学，历法等各方面的学问，都有很

大长进。尤其是算学，那是研究天文历法的重要工具和基础，郭守敬和同学在共同学习和钻研中，在继承和发展前人成果方面，造诣更深。这对他以后的事业有着重大影响。

郭守敬十五，六岁的时候，曾获得一幅拓印的《莲花漏图》。莲花漏是一种构造并不简单的仪器。它是北宋时期燕肃在前代漏壶的基础上加以改进而发明创造的。这是一种利用滴水来计量时间的仪器，是我国古代一种比较精确的漏壶。这种计时仪器由一整套的水箱，水壶，吸水管，带有刻度的箭，以及其它一些部件组成。壶中水位的高低，水质的洁净与否，都影响到水从壶嘴流出的速度。采取一套箱壶，使主要的那只大壶里的水保持常满，让水均匀地漏到箭壶里，流速保持稳定，可使插在壶中的箭逐步均匀上升。看箭杆上的刻度读数，便可知道是什么时刻了。由于水壶的若干部分以及箭都制成了莲花，莲蓬和莲叶的形状，因此，取名莲花漏。又因燕肃是在宋仁宗赵祯天圣9年（1031年）创制的，又叫天圣莲花漏。4季中气温有所变动，水的温度也就不同，这使水的粘滞性有所变化。粘性的变化又会影响水的流速和流量，这就关系到漏壶计时的准确性。再则，地球绕太阳公转时，地轴是倾斜的，犹如陀螺旋转时它的轴会倾侧，其理相同。地球在轨道上的运行又是冬天略快，夏天略慢（对北半球而言）。因此，一年中每天日子的长短不一样。冬夏两季稍长，春秋两季略短，最长和最短的日子可差50秒钟。现在每天用24小时来计时，是取个平均值，叫做平太阳日。由于这许多因素，主要是昼夜时刻长短不同的因素，莲花漏壶中使用上漆的桐木箭，全套共有48支。白天和黑夜分别依其时间长度各用一支，又随24个节气变化而更换使用。古代的计时把一天分成一百刻。莲花漏的四尺长箭上，一刻又分成 60 分，每分约合现代的 14.4 秒。所以它就有较高的准确性。燕肃为了推广他对漏壶的这种改进，曾在许多地方将莲花漏的图样刻在石碑上，好让大家容易见到。宋金时代，莲花漏流传得相当广泛，很多地方的城墙的谯楼上都放置着一套莲花漏，给当地的居民做为计时的依据。

动乱的战争年代，到处遭破坏，莲花漏变得很稀罕，极少见到了。单凭一张图，成年人也弄不清它的原理和构造。郭守敬按照从石碑上拓印下来的图样，作了精细的研究，居然摸清了制作方法。郭守敬得到这幅图后，认真加以琢磨。他很快就弄懂了莲花漏的原理，并能讲得清清楚楚。仅仅依据一幅图就想掌握莲花漏的制造方法和原理，对一般成年学者来说也不是一件容易的事情。年纪才十几岁的郭守敬居然把它弄得一清二楚，这就足以证明郭守敬确是一个能够刻苦钻研的少年。他研制出的"莲花漏"，后来被元朝天文台采纳为标准记时器。

郭守敬"又得《尚书璇玑图》，规竹篾为仪，积土为台，以望二十八星宿及诸大星"。所谓"尚书璇玑图"指古代的浑仪，它是用铜制成黄道、赤道等环圈，并装有窥管以观测天体的位置。对这些环圈，郭守敬因陋就简，就地取材用竹篾编成，并依《尚书璇玑图》所示的构造模式，制成了一座虽简易但可用的浑仪。为扩大视野，他还将所制浑仪安置在土台上，用以观测中国古代传统的特定星座二十八宿诸星和二十八宿之外的其他亮星。显然，郭守敬是在郭荣的指点下，熟知全天星座的相对位置、名称等之后，不满足于对诸星座的位置的定性了解，而且希望进一步认知星座的定量关系。他用竹篾仿照古图扎制浑天仪，并且运用它来进行实际观测，应该说浑仪的制作要比莲花漏的制作复杂和困难

得多。聪明在于勤奋，并不是郭守敬的天赋特别高，而是他具有善于思考，不畏困难，而且刻苦钻研的顽强精神。正是在这一段少年时期，郭守敬勤奋学习并能结合实际，学以致用。

元朝统治的北方农业地区，掳掠破坏极为严重。由于遭到长期的战争破坏，大片农田废弃，不少被圈作牧场。民族压迫深重，生产急剧下降。这就不利于元朝贵族对一个比较先进的封建国家的统治。忽必烈在辖领北方之初，曾网罗了一批汉族地主阶级中的上层知识分子，担任重要职务或当参谋。其中比较有名的，就有刘秉忠，以及他所推荐的张文谦（忽必烈任用他为王府书记），还有许衡，姚枢，窦默等人。这些人从地主阶级的根本立场和长远利益出发，根据历来封建统治阶级治理天下的一些基本政策，为忽必烈制订了若干政治经济措施。

在金代，邢州本来人口繁盛，经济殷实，计有 700 多户，但是，经过战争的破坏，农业极度衰退。而到贵由汗年间（1246—1284 年），只剩下 500 余户了。在这种情况下，张文谦向忽必烈建议：派良吏去治理居南北要冲的邢州，以为其它地方示范。忽必烈同意了，设立邢州安抚司，由脱兀脱，张耕任安抚使。刘肃任商榷使，张，刘等到任后，采取了一些安抚措施，如兴办冶铁作坊，招集流散的百姓，进行恢复生产等工作。

农业生产与水利关系密切，张，刘二人也就从事一些水道的整治工作。当时邢州城北有三条河流。南面一条最大的名潦水，靠城流经 2，3 里后，东向流入蔡水。金元战争的混乱年代，河渠水道无人管理，河水破堤而出，四散漫淹，城北低洼处一片沼泽，连冬天也不见干涸。北面有两道小河，近潦水的叫达治泉，稍外一条名野孤泉。在漫流的泥沙堆积下，它们又一起淤塞了。出邢

州城北门原有三座石桥跨越三条河流，是城北道衢大路。中间达治泉上那座古老的小石桥，战乱后倾没在大片沉积的泥沙中。人们行经那里时，不得不提起衣裳涉水而过。后来有些好心人在达治泉与野狐泉渡口处安上了几根木梁作桥，暂时应付一下，常架常坏，问题根本没有解决。这时，张耕和刘肃便邀请年青的郭守敬到城北的现场。年仅 21 岁的郭守敬，在察勘之后，按照水位、流量和灌溉需要等条件，进行了治理设计工作。他规定了河道的位置，拟订了路线，确定了堤岸的尺寸，核算了需要的工时等。并提出治理规划。疏浚工程开始，把三条河水导向下游。在郭守敬指出应该设桥的地方，挖出了原来的小石桥。从此，潦水依然沿旧河道由南桥下流去，不再泛滥。修整的新石桥与北桥分别引二泉东去，汇合于柳公泉。北去燕京的大路上，过往的行人再也不用跋涉于泥淖之中了。农田得到了灌溉之便，大大促进了当地生产的恢复。郭守敬规划的这一项河道工程，只征调了 400 多人，干了 40 多天，就顺利完工了。办了这件事，解决了 30 年来的老问题，对人民生活有很多好处。于是事迹在邢台市周围传播开去，郭守敬的技能才干得到了大家的赞扬。

石桥修复后，当时一位有名的文学家元好问还特意为此写过一篇碑文。这时候，年青的郭守敬已经能对地理现象作颇为细致的观察了。那一年，他刚刚 20 岁。

（三）社会背景

1. 郭守敬科学研究的宏观社会背景

元朝作为中国历史上的一个重要朝代，不仅在中华文化史上发挥了承上启下的作用，而且在诸多领域出现了新的飞跃，推进了中国多元一体文化的发展进程，开创了中国各民族文化全面交流融合的新局面，对中华文化的繁荣和发展作出了重要的贡献。

元朝中西经济文化交流的空前繁荣，使不同地区、国家和地区间的经济文化双向交流加速。中国的火药、指南针、印刷技术传入阿拉伯和欧洲，推进了这些地区的文明进程。阿拉伯的医学、天文学、农业技术，欧洲的数学、金属工艺，南亚的雕塑艺术等传入中国，促进了中国古代文化的丰富和发展。元代中西文化交流信息量之大、传播范围之广、对未来历史影响之大，都是人类历史上空前的。可以说，中西方文明成就第一次出现了全方位共享的局面。

中国自古以来就是一个多民族国家，每一个民族在不同的历史时期都为中华文明的进步和发展作出过贡献。元朝是指公元1206年至1368年间由蒙古族统治者建立的封建政权。在中国王朝序列中，尽管该政权存在的时间较短，但它对中国历史发展产生的影响还是非常重要的。

（1）推进了中国多元一体文化格局的进程

13世纪初，蒙古族统治者经过半个多世纪的征服战争，先后消灭西夏、金、大理、吐蕃、南宋等政权，完成了多民族国家的空前统一，形成了有利于各民族文化交流发展的有利环境。

中国多民族文化并存的格局进一步得到肯定。自春秋时代开始，中原地区所形成的"夏夷"之说，强调"尊夏攘夷"、"以夏变夷"的思想，对各民族之间的平等交往形成障碍。例如在史学领域极具影响的"正闰"说，主张"四夷不得正统"，将北方民族入主中原的政权，与"窃国"、"篡国"者并列，纳入非"正统"

序列，事实上对其他民族政治文化形成排斥。由于元朝亦属入主中原的少数民族政权，统治者为了确立自身地位的合法性，需要努力扭转这一传统观念。在编纂《辽》《宋》《金》史时，三史都总裁官、中书右丞相脱脱力排众议，"独断曰：'三国各与正统，各系其年号。'议者遂息。"这一举措结束了自辽朝灭亡后200多年的"正统"之辩，同时也在中国史学史上，第一次以中央政府的名义肯定了各民族政权的合法地位。其意义正如韩儒林先生所总结的那样："这一决定确定了三史以平等看待的基本原则，它符合中国是一个多民族国家的客观实际，也符合辽、金、宋三朝互不相属的历史状况，因而是正确的，所以脱脱对三史的贡献不能忽视。"

（2）加速了各民族文化的交流。

元朝统治者实施的民族政策和文化政策，使古代中国各民族文化的交融和发展出现了很多新的气象。蒙古族文字产生于这一时期，并沿用至今；北方游牧民族历史上第一部用本民族文字撰写的历史著作《蒙古秘史》诞生；在中国封建王朝历史上，元朝政府官员的民族成份最为复杂；元朝也是中国统一王朝史上第一个多民族文字并用的王朝；《辽史》《宋史》和《金史》，是廿四史中仅有的、由多民族史家共同编修的史籍，也在中国史学史上首开一朝官修三朝历史之先河，为后世保存了珍贵的历史文化遗产；中原文化在边疆民族地区得到广泛传播，儒家经典著作被翻译成蒙古文出版，漠北、云南等偏远地区首次出现了传授儒家文化的学校；中国首次出现了由中央政府批准成立的、全国性的少数民族语言文字教育机构——蒙古国子学和回回国子学，蒙古、契丹、女真和色目人中间涌现出一大批汉文著述家；西域各民族文化进一步向中原社会流传，藏传佛教在中原得以传播，海南黎族的木棉种植和纺织技术推动了中国棉纺业的发展；在宽松的政治文化氛围下，各民族间的交融也进入又一个高潮期，契丹、女真、党项等民族悄然融入到蒙古族、汉族和周边其他民族之中，而一个全新的民族——回回族在中华大地上诞生。对于元朝各种文化和谐并存的局面，中世纪欧洲"四大旅行家"之一的鄂多利克，曾感慨地称之为"世界上最大的奇迹"。

由此可见，元朝的建立，打破了此前历史上出现过的人为的文化屏蔽现象，中华文化多样性的现实得到普遍认可，"四海为家"、"天下一家"的观念深入人心，多元一体格局在统一的环境里变为事实。

(3) 兼容务实的文化政策推进了中国封建文化的发展

与大多数中国封建王朝相比较，蒙元时期思想文化观念有两个特点是十分显著的：其一是兼容，其二是"不尚虚文"。在这一思想的指导下，元朝的文化环境表现出兼容务实的特征。

蒙元王朝的文化兼容主要体现在以下几个方面：它是中国古代历史上唯一没有从官方角度提出"避讳"制度的王朝；它是中国封建历史上思想文化禁锢制度最少的王朝之一，目前尚未发现元代人士因言论遭受不幸的实例。据统计，元代的文化禁令仅是明清两朝的几十分之一；它还是中国封建历史上唯一明确提出宗教信仰自由的王朝，当时世界上所有的主要宗教在中国都有活动场所和信徒，这在当时的整个欧亚大陆恐怕是绝无仅有的文化现象。

兼容的文化氛围为中国文化的发展提供了良好的环境。中国"戏剧史和文学史上的重大事件"——元曲（散曲和杂剧）就是在

此环境下形成的。今人把元曲与唐诗、宋词并列，视之为中国文化的瑰宝。一些学者认为元曲之所以在元代诞生并繁荣，主要得益于元代北方少数民族伦理道德的影响和文化政策的宽松，"使得社会思想能够较多地摆脱传统规范的束缚"自由创作。

儒家文化的社会地位进一步提高。孔子在元代被封为"大成至圣文宣王"，使其美誉达到无以复加的程度。孟子等历代名儒也获得了崇高的封号；元朝在中国历史上首次专门设立"儒户"阶层，保护知识分子，"愿充生徒者，与免一身杂役"。元代的民众普及教育超过了前代，书院达到400余所，州县学校的数量最高时达到24400余所。对元代儒家文化的发展，陈垣先生是这样评价的："以论元朝，为时不过百年。若由汉高、唐太论起，而截至汉唐得国之百年，以及由清世祖论起，而截至乾隆二十年以前，而不计乾隆二十年以后，则汉、唐、清学术之盛，岂过元时！"

务实的精神推动了文化与社会实践的互动。建立元朝的蒙古族处在封建社会上升阶段，有着较为迫切的发展要求。因此与宋代相比较，元朝务实的文化精神是十分显著的。元朝的奠基人忽必烈主张"应天者惟以至诚，拯民者惟以实惠"，强调"务施实德，不尚虚文"。据此，他提出了"科举虚诞，朕所不取"，废止了科举制度，在人才选拔上强调才干，而不单纯是"以文取胜"；一些关乎国计民生的科学文化在政府的扶持下也得到了快速发展：由政府组织的一系列大规模的天文实测活动，使中国在很多天文学领域处于世界先进水平（如黄道夹角的科学数据、星辰的数量、历法等）；在地理学方面，《大元一统志》开中国官修地理总志之先河，也是中国古代史上篇幅最大的一部官修地理志书；元代编修的方志达到160种，数量超过了宋代；元政府还组织了中国历

史上首次对黄河河源的实地科考；在农业技术及农学普及方面，南北东西农作物广泛交流，各地农业技术（如生产工具）取长补短，棉花种植在元代得到全面推广，很多农作物得到普及。政府加强了农业科技的总结和普及工作，司农司编辑的《农桑辑要》是中国古代政府编行的最早的、指导全国农业生产的综合性农书，鲁明善的《农桑衣食撮要》是中国月令体农书中最古的一部，王祯的《农书》是中国第一部对全国农业进行系统研究的农书；在宋代发明活字印刷术的基础上，元代发明了金属活字、转轮排字法和套色印刷术。此外，元政权对医学、造船业、陶瓷制造和水利也给予了高度的重视。

(4) 开创了中国封建时期中西文化交流最繁荣的时代

元朝以及四大汗国等政权的产生，使 13 世纪之后的欧亚政治格局发生重大的变化，东亚、中亚和西亚地区昔日林立的诸多政权顷刻间消失，欧洲的部分地区也纳入蒙古汗国的统治之下。毫无疑问，残酷的战争，剧烈的社会动荡，曾给欧亚各国人民带来巨大的痛苦。但是，征服战争以及随之建立的蒙古政权，在客观上带来的积极影响也是不容忽视的，它使欧亚之间经济文化交流的壁垒被打破。蒙古族统治者鼓励通商的开放政策，便利、安全的驿站交通，拉近了欧亚之间的距离，使各种文化之间的直接对话成为现实，缩短了欧亚大陆区域之间因发展不平衡以及由于地理空间和人为封闭造成的文明进程的差距。交流让中国认识了世界，世界也认识了中国，东西方之间的神秘面纱被揭开，世界文明史由此进入了新的时代。如果从中国文化史角度观察，蒙元王朝的影响主要体现在两个方面：

促进了中国的国际化。在中国古代历史上，对外影响最大的

王朝是唐朝和元朝。但是，如果从对外影响范围、往来国家数量和国际地位角度比较，唐朝与元朝是无法比拟的。优惠的通商政策、通畅的商路、富庶的国度、美丽的传说，使元朝对西方和阿拉伯世界的社会各界形成了巨大的吸引力。上都、大都、杭州、泉州、广州已具有国际化都市的色彩，泉州港成为国际最大的对外贸易口岸。旅行家、商人、传教士、政府使节和工匠，由陆路、海路来到中国，他们当中的部分人长期旅居中国，有些人还担任政府官员。据统计，这些人分别来自波斯、伊拉克、阿速、康里、叙利亚、摩洛哥、高丽、不丹、尼泊尔、印度、波兰、匈牙利、俄罗斯、英国、法国、意大利、亚美尼亚、阿塞拜疆、阿富汗等国。归国后一些人记录了他们在中国的见闻。正是这些游记，使西方人第一次较全面地掌握了中国和东方的信息，一个文明和富庶的中国真实地展示在世界面前。这些信息改变了欧洲人对世界的理解和认识。学术界普遍认为，马可波罗等人的著作对大航海时代的到来产生了至关重要的影响。

开创了古代中西文化交流最繁荣的时代。元朝通过海上"丝绸之路"进行经贸往来的国家和地区由宋代的50多个增加到140多个。海路到达非洲海岸，陆路往来直抵西欧，统一的环境为国际间、地区间的交往创造了前所未有的便利条件，史称"适千里者，如在户庭；之万里者，如出邻家"。在大量阿拉伯人、欧洲人涌向东方的同时，中国人的视野也更加开阔，对周边国家、中亚、南亚和印度洋地区的了解更加清晰，足迹甚至延伸到西亚和西欧。人们对外部世界的了解和介绍，不再局限于道听途说，而大多是亲身经历。如汪大渊的《岛夷志略》一书，所记印度洋沿岸和南海各国史实"皆身所游览，耳目所亲见，传说之事，则不载焉"。

该书记录了数百个地名，以及各地的山川险要、气候物产、人物风俗，与我国的经济、文化交往情况等等，多属前人未载内容。类似的文献还有《西游记》《西游录》《北使记》《西使记》《真腊风土记》《异域志》等，反映了元代中国人对外部世界的新认识和开阔的文化视野。

2. 郭守敬科学研究的微观社会背景

时势造就英才，知世方可论人。郭守敬生活在我国的宋元时代，这个时代我国封建经济文化高度发达，火药、罗盘和印刷术的发明对世界科学文化发展具有重要的影响。他勤奋好学、刻苦钻研，善于汲取前辈科学家的研究成果，并注重总结劳动人民的生产经验，勇于实践和创新，在科学上做出了许多贡献。他不仅精通天文历法，还擅长水利工程，而且在数学、地理和机械工程等方面也有很高的造诣。郭守敬主要科学成就在天文历法和水利工程这两方面，其中天文历法的成就尤为突出。他是以优秀天文学家的名字列入世界古代著名科学家之林的。

郭守敬生于 1231 年（元太宗三年、金哀宗正大八年）。家乡在今河北省邢台县。

邢台地方本来属宋朝，1128 年（宋高宗建炎二年）被金朝夺去，当时我国北部主要为金朝所统治，南方则处在南宋王朝的统治之下。金朝统治地区的北部，过着游牧生活、处于氏族部落后期的蒙古族正日益强大，不断向外扩展。1206 年，成吉思汗统一蒙古各部建立蒙古汗国以后，率兵南下攻打金朝。1214 进逼金京中都（今北京市西南部）北郊。金宣宗完颜珣自中都迁都到开封。成吉思汗元年（1215 年），便占领了中都，改称燕京。5 年后的 1220 年，蒙古兵攻入邢台。成吉思汗死后，第三子窝阔台于 1229

年继位做了大汗。窝阔台 6 年（金哀宗完颜守绪天兴 3 年）的时候，蒙古大汗与南宋合兵，攻下蔡州（今河南省汝南），灭了金朝，统治了整个北方。

此后，窝阔台的继承者和南宋对峙了数十年。成吉思汗的孙子蒙哥于 1251 年当上大汗时，将大沙漠以南领土上的军事大事，都嘱托交给了忽必烈。蒙哥是成吉思汗第四子拖雷的长子。忽必烈是蒙哥的弟弟，拖雷的第四子。忽必烈开府于滦河上游之地，于是我国北部便处于忽必烈的统治之下。忽必烈在 1260 年蒙哥死后抢位自立为大汗，依中原制度称皇帝，并且采用年号纪年，称为中统。中统 5 年（1264 年）又改号为至元元年，并在至元 8 年（1271 年）正式建立国号，称为"大元"。不久，元兵继续南进，灭南宋，并在至元 16 年（1279 年）完全略定了南宋。从此，南北统一，建立了一个统一的多民族国家。郭守敬就是在元朝统治下出生和成长的。

早些时候，金朝北边的蒙古人还过着游牧的生活，处在奴隶社会阶段。那时他们在金朝北方一带骚扰，进行的战争具有极大的掠夺性和破坏性。当地的农田水利遭到了严重的破坏，人口大量减少，生产急剧下降。这种状况对于元朝的建立统治是十分不利的。以元世祖为首的蒙古统治集团觉察了这一点，于是在华北地区封建势力代表人物的支持下，逐步进行了一些改革，改变了一些野蛮的杀掠方式，实行了一些鼓励农桑增产的措施。因此，在元世祖的时代，华北一带的农业生产才逐渐恢复起来。农业生产必须适应天时，农田排灌需要水利建设，于是对天文历法和水利工程的研究，就成为迫切的要求。同时，国家统一了，中外交通范围比以前扩大了，更给科学技术的发展提供了新的因素。因

此，元朝的天文学和水利学，在金、宋两朝的基础上，有了进一步的发展。元世祖忽必烈称帝并入主中原后，雄才大略，广罗人才，运用"汉法"。他吸取历代统治经验，改变蒙古旧制，采用宋、金以来封建政治经济制度，他不仅重用蒙古族人才，而且对汉族和其他民族的人才也加以使用，授以官职，使其为朝廷出力。这样不久推动了蒙古的社会进步，而且促进了全国的安定和发展。他还提倡兴修水利，重视农桑，开凿会通河、通惠河，使南北水路畅通。还实行屯田，兴建水利工程，推广农业生产先进技术等，这些措施都有利于元代农业生产的发展。郭守敬正是在这个时期，在这两门科学方面作出了许多贡献。

3. 成长中的伙伴——紫金山智囊团

在郭守敬成长的道路上还有几个重要的人物，那就是号称忽必烈的汉人智囊团的紫金山"五杰"，以刘秉忠为首，包括张文谦（1217-1283年）、郝经（1226-1278年）、姚枢（1203-1280年）、许衡（1209-1239年）、窦默（1196-1280年）、郭守敬（1231-1316年）和王恂（1235-1281年）等人为中心的汉人智囊团。元代的科学和技术得以持续地发展，也大都得力于这个智囊团。这个智囊团的中心人物是刘秉忠。刘秉忠出仕之前曾在河北紫金山（邢台市西南65公里）隐居讲学，创立了紫金山书院，上述人物大都跟随他在书院中学习过。

以刘秉忠为首的紫金山智囊团的成员大都通晓天文、数学、水利等各种科学技术，同时又多为元初名臣。刘秉忠本人官拜光禄大夫、太保、参领中书省事，汉人文武官员位居三公者仅刘一人。其他如张文谦曾任枢密副使，官至左丞相；张易累官枢密副使、知秘书监；王恂曾为太子赞善，官至太史令；郭守敬曾任都

水监、太史院同知。他们在郭守敬的成长中起到了重要的作用。

(1) 郭守敬的师傅——刘秉忠

刘秉忠（1216–1274），字仲晦，初名侃，又名子聪，自号藏春散人，邢台县人。元初著名的学者兼政治家，城市规划专家、著名诗词散曲作家。

少年志气英爽不羁，年十七即为邢台节度使府令史。因胸怀大志，不满足作刀笔小吏，1238 年辞职。先入全真教，后出家为僧，取法名子聪，自号藏春散人。后经海云禅师推荐于忽必烈，以足智多谋，深得赏识。1260 年忽必烈称帝，刘秉忠受命制订各项制度，立中书省为最高行政机构，设枢密院掌握兵权，设御使台主百官升降，举朝仪、定章服、修律历等。1264 年忽必烈命其还俗，并授刘秉忠为光禄大夫、太保、参领中书省事、同知枢密院事。1271 年在刘秉忠取《易经》"大哉乾元"之意，建议将蒙古更名为"大元"，被忽必烈采纳，这就是元王朝命名的由来。

刘秉忠还主持了元朝国都大都城和陪都上都的营建。早在 1256 年，忽必烈命子聪在桓州以东、滦水以北的龙岗（今内蒙古自治区正蓝旗东）兴筑新城，三年建成，称开平，后加号上都。1264 年刘秉忠建议忽必烈迁都燕京，被忽必烈采纳，刘秉忠受命在原燕京城东北，设计建造一座新的都城。至元四年兴建城垣，至元九年建成，新城规模宏伟，工程浩大，定名大都（即今北京）。该城的建立为稳固元朝的统治起到了重大作用。他主持规划建设的大都城，集中国古代城市规划之大成，继承和发展了中华民族的文化传统，成为中国城市规划和建设的一份珍贵的历史遗产。

蒙古国官员起初没有俸给之制，全凭掠索饱私囊。1254 年刘秉忠提出附古例、定百官爵禄的建议，被忽必烈采纳，并逐步推广到全国。另外，针对蒙古官无定制的现象，刘秉忠又提议定百官之制，并详细制定了各级官员的职务、名额及俸禄，为元朝建立了一套规范的国家机构和官僚体系。

秉忠自幼善学，至老不衰，一生著述丰富，有《藏春诗集》六卷，《藏春词》一卷，《平沙玉尺》四卷，《玉尺新镜》二卷。又有诗文集三十卷。《元史》有传。《词品》卷一评其《干荷叶》曲作"凄恻感慨，千古寡和"。刘秉忠善长诗词书法，他楷书功底深厚，行书更高一筹。内邱县神头村原鹊山神应庙旧址的《国朝重修鹊山神应王庙之碑》，就是由刘秉忠书丹的，它是迄今发现的刘秉忠惟一存世墨宝。

刘秉忠于一二七四年病故，享年五十八岁，其坟墓在邢台县城西贾村大队村西。

（2）王恂

王恂（1235-1281）是元代数学家、文学家。字敬甫。中山唐县（今河北唐县）人。生于元太宗七年，卒于元世祖至元十八年。幼小从刘秉忠学习数学、天文、后与郭守敬一道从刘秉忠学习数学和天文历法，精通历算之学。1253年，荐于忽必烈，命辅导皇太子真金。中统二年（1261年），擢太子赞善。真金任中书令，凡有咨禀，必令他与闻。后领国子祭酒。至元十三年（1276年）奉命改历，议修金《大明历》，和郭守敬一道组织太史局（后改称太史院），王恂任太史令，分掌天文观测和推算方面的工作，推步于下，遍考历书四十余家。在《授时历》的编制工作中，其贡献与郭守敬齐名。《授时历》编制后，至元十八年，王恂的父亲去世。王恂悲伤过度，每日只能喝一小勺水，不久去世，时年四十六岁。

王恂死后，他的推算方法没有定稿，由郭守敬加以整理为《推步》七卷、《立成》二卷、《历议拟稿》三卷、《转神选择》二卷、《上中下三历注式》十二卷。由于王恂书生出身，家里没有什么储蓄，皇帝重赏他家。延佑二年（1315 年），赠他为推忠守正功臣、光禄大夫（从一品）、司徒、上柱国（从一品）、定国公，谥号文肃。王恂为我国天文、历法、数学科学事业的发展，做出了一定的贡献。

王恂对于算学钻研精深。他十四岁时，刘秉忠北上经过中山，十分欣赏他，回来时收他为弟子。十八岁，刘秉忠把他荐给元世祖忽必烈。刘秉忠死后，皇帝根据他的设想，知道王恂精通历算之学，就命他创制新历。于是王恂举荐了已经告老的许衡，同杨恭懿、郭守敬等遍考四十多家历书，从西汉的《三统历》到唐代的《纪元历》，总结了一千多年间历经七十改、创法者十三家的普遍规律，大胆创新，进行了中国历法史上的第四次大改革。他们昼夜测验，参考古制，创立新法，推算极为精密准确，如算出了一年为 365. 2425 日，一月为 29. 530593 日，将一年的二十四分之一作为一个节气，等等。

王恂死后，他的推算方法没有定稿，由郭守敬加以整理为《推步》七卷、《立成》二卷、《历议拟稿》三卷、《转神选择》二卷、《上中下三历注式》十二卷。延佑二年（1315 年），皇帝赠他为推忠守正功臣、光禄大夫（从一品）、司徒、上柱国（从一品）、定国公，谥号文肃。

中国历史上施行最久的历法，要推王恂、郭守敬、许衡等编制的《授时历》，长达三百六十四年。《授时历》，把古代历法体系推向高峰。王恂与郭守敬创立招差术，用高间距三次差内插法计算日、月、五星的运动和位置。在黄赤道差和黄赤道内外度的计算中，又创用弧矢割圆术，即球面直角三角形解法。王恂、郭守敬在所编制的《授时历》中，为精确推算日月五星运行的速度和位置，根据"平、定、立"三差，创用三次差内插公式，这在数学上是重要的创新，同时也把天文历法的计算工作推进了一大步。

(3) 张文谦

张文谦（1216—1283），邢州沙河人，县志称之沙河人物之冠。自幼聪敏，曾与刘秉忠、张易、王恂、郭守敬等人一起在邢州城西紫金山共同研习天文、历法、算学等，称邢州五杰。

1247 年，经刘秉忠推荐，张文谦进入蒙古亲王忽必烈幕府，并为重用，成为忽必烈潜邸幕府主要谋臣之一。忽必烈继位后，历任中书左丞、大司农卿、御史中丞、昭文馆大学士领太史院事、枢密副使等职。累赠推诚同德佐运功臣、太师、开府仪同三司、上柱国，追封魏国公，谥忠宣。

在忽必烈统一中国过程中，张文谦多次随军南下。在军中，张文谦曾与刘秉忠多次向向忽必烈进言：王者之师，有征无战，当一视同仁，不可嗜杀。忽必烈听从劝告，逐渐改变了本族掠地屠城的旧习，命令诸将进入宋境后不可随意杀人，不可乱烧民房，要释放全部俘虏。这些措施不仅对元军取得胜利起到了重大作用，而且最大限度地保护了征服地区的原有文明。

张文谦身居高位，刚明简重，凡所陈于上前，莫非尧、舜仁义之道，在元朝初期稳定国家、建立纲纪、恢复经济、制定历法等方面做出了重要贡献。文谦为元初名臣，同时也是河北历史名人，县志、府志、省志均有传。

1260 年，忽必烈即帝位，张文谦升任中书左丞，协助忽必烈建章立制。不久，张文谦以中书左丞行大名等路宣抚司事，积极主张轻摇薄赋，与百姓休养生息，得到百姓的称赞。在治理大名时，张文谦重用郭守敬，考察该地区水利，治理河道，发展生产。1262 年张文谦将聪明过人、精通天文历法的郭守敬推荐给元世祖忽必烈，使天赋才华的郭守敬有了一个充分施展才能的良机。

1264 年，张文谦以中书左丞行省西夏（今宁夏、甘肃和内蒙古部分地区），整顿吏治，兴学重教，积极传播汉地先进文化，使西夏落后、鄙野的羌俗为之一变。在西夏时，张文谦还支持郭守敬对唐徕、汉延等大小数十条渠道进行疏浚修复，万余顷土地得到灌溉，西夏再现"塞北江南"的景象。

1270 年，元朝中央设司农司（后改称大司农司），张文谦以参加攻事兼任司农卿，下设四道巡行劝农司，掌管劝课农桑、水利、乡学、义仓等事。这些农官巡行各地，劝保农桑，指导生产，不几年，功效昭著，野无旷土，栽植之利遍天下，有力促进了元初经济的恢复和发展。

1276 年，元朝灭南宋，统一天下后，张文谦以昭文馆大学士身份领太史院事，全面负责制定历法的工作。王恂、郭守敬等人在张文谦的支持、领导下，率南北日官在全国范围内进行了空前规模的四海测验，掌握了大量准确的天文数据，于 1280 年编订完成了当时世界上最先进的《授时历》，将我国古代天文学推向了一个高峰。

（4）许衡

许衡是元代初期的名臣，也是一位著名的学者。他鉴于当时干戈扰攘，民生凋敝的势态，一再向元世祖建议要重视农桑，广

兴学校，以"行汉法"作为"立国规模"。他说："古今立国规模，虽各不同。然其大要，在得民心。而考之前代，北方奄有中夏，必行汉法，乃可长久。故魏、辽、金能用汉法，历年最多。其他不能用汉法者，皆乱亡相继。史册具载，昭昭可见也。"从而可知，许衡的政治理想是要实行儒家的仁政以获得民心。至于获得民心的关键，则在于实行"汉法"。由于这一"立国规模"的确定，中原广大地区社会秩序得到恢复，生产得到发展，人民生活得到安定。许衡还与刘秉忠、张文谦等一起定官制、立朝仪，对元初政局稳定、经济生产的恢复起了积极作用。

许衡长期担任国子监祭酒，主持教育工作，承宣教化，不遗余力。许衡以"乐育英才，面教胄子"为宗旨，故其门下不仅有大批汉族学生，还有不少蒙族弟子。他施教的原则是"因觉以明善，因明以开蔽"，即循循善诱，潜移默化。至元八年（公元1271年），许衡奉元世祖之命，负责培养一批蒙古贵族子弟，在他的辛勤教育下，这些不懂汉文的青年也都成为"尊师敬业"的优秀儒生。其中有不少人，后来"致位卿相，为一代名臣"。

许衡对待学生"爱之如子"，从生活到学习无不关怀备至。他对待自己则从严要求，"夜思昼诵身体力行，言必揆诸其义而后发"。因此，在许衡的熏陶教育下，"数十年间彬彬然，号称名卿士大夫者，皆出其门下矣。"所以，许衡通过传道授业，对于汉、蒙文化的融合和交流作出了卓越的贡献。

许衡精通天文、历算。至元十三年（公元1276年）元世祖"以海宇混一，宜协时正日"，故须摒弃沿用已久舛误甚多的金代（大明历）而创制新历。于是，遂命许衡"领太史院事"，全面负责这一工作，并以王询、郭守敬为副，共同研订。经过全们的积

极努力，至元十七年（公元 1280 年），终于完成了这一艰巨复杂的任务。

在此期间，许衡以年届七旬的高龄，辛劳擘划，艰苦备尝。创制了简仪、仰仪、圭表、景符等天文仪器，在全国各地修建 27 所观测台，进行实地观测。制订了《授时历》。他用近世截元法代替了上元积年法，并推算出了 365.2425 日为一年，这个结论，比地球围绕太阳公转一周的实际数字只差 26 秒，比欧洲著名的《格列高利历》还要早三百年。《授时历》使用的时间，前后达 363 年（公元 1281 年～1644 年）之久，是我国历史上使用时间最长的一部历法，是我国历法史上的第四次重大改革。明初著名学者宋濂赞扬许衡等的功绩说："至元十三年，世祖诏前中书左承许衡、太子赞善王恂、都水少监郭守敬改订新历，自古及今，其推算之精，盖未有出于此者也。"这是十分中肯、公允的评价。许衡对程朱理学的造诣也是很深的，对程朱理学的研究有其独到之处，提出了"命""义"之说。许衡精研程朱理学而不拘泥，提出了著名的"治生论。"他说："言为学者，治生最为要务。"许衡是元代儒学的主要继承人和传播人。元代有人赞扬他说，"继往圣，开来学，功不在文公下。"明代大儒薛则称为之"朱之后一人"。

其著述有《许文正公遗书》八册十二卷传世；《元史》有传，述其生平历程，《宋元学案》有《鲁斋学案》，记其理学思想

（5）刘秉忠的师傅——海云禅师

海云印简（1202—1257），俗姓宋，法名印简，海云是其号，生于金泰和二年（1202）。他的事迹，无念常《佛祖历代通载》、程矩夫《雪楼集》《大蒙古燕京大庆寿寺西堂海云禅师碑》（以下简称《海云禅师碑》）记载甚详。海云禅师是金元之际北方佛教

的临济宗师，他一生的活动对元代临济宗乃至整个元代佛教的发展，都产生过重大影响。

其深谙佛法，先后被蒙古贵由皇帝和蒙哥皇帝授权"领天下宗教事"——也就是担任全国的宗教领袖，但是，据说因"非所乐也"，便由他的弟子代行其事。而元世祖忽必烈在称帝之前便对海云十分倚重，奉为"国师"；忽必烈喜得贵子，是由海云起了一个汉文名字——"真金"，可见其地位之尊。早先忽必烈镇守漠北时，曾邀请海云前去，以咨询有关佛教的问题，海云特地把一位法名"子聪"的随行弟子推荐给忽必烈，这位子聪和尚，就是后来成为元大都总设计师的刘秉忠。他重兴真定临济寺，时人称他为临济中兴名匠。嗣法者十四人，有语录曰《杂毒海》。海云曾经是大都庆寿寺的住持，1257年圆寂后，忽必烈下旨为海云在庆寿寺修筑了一座9级灵塔，名为"天光普照佛日圆明海云佑圣国师之塔"；另一个7级灵塔为海云弟子下一个主持的，寺中保存的海云画像上，尚有刘秉忠所作的赞文。在海云圆寂后的第三年，忽必烈称帝，不久决定修建大都城。由于双塔正处在城墙经过的位置上，曾有人建议将其拆除。但忽必烈决定"曲其城以避之"，竟让城墙向南让出30步，绕过双塔，把它们圈进了城墙之内。由于这一决定，双塔得以留存了将近七百年。

二、科学人生

（一）科学思想

郭守敬在天文、水利、数学、测绘、仪器制造等方面成就辉煌，有多项发明和创造遥遥走在世界的前端。郭守敬以毕生精力从事科学活动，服务社会，恢复经济，发展经济，造福民众。以至于在当时就有人赞叹"天佑我元，似此人世岂易得，呜呼，其可谓度越千古矣"。他的科学思想与科学思维方式是我国宝贵的历史文化财富。郭守敬以毕生精力从事科学活动，他顺应时代，经世致用，把自己的科研与元朝统一后恢复和发展生产的实际结合在一起，既成就了自己的事业，同时也为社会作出了巨大贡献。

1. 利民强国

1262 年，他第一次被忽必烈召见就深思熟虑地提出了发展农业和漕运的"水利六事"。"每奏一事，世祖叹曰：任事者如此，人不为素餐矣。授提举诸路河渠"。郭守敬提出的六项水利工程建议，在郭及同僚们的努力下，大部分都得到了实施，不仅促进了当时的农业发展，而且在当时忽必烈试图增强实力、统一中国的历史背景下，"水利六事"还具有更深层的政治与军事含义，这

也是郭守敬利民强国思想内涵的集中表现。

郭守敬天文仪器制作和天文历法等一系列活动，也包含着造福民众，服务国家的思想。例如1260年，郭随张文谦到大名，鉴于长年战乱致使计时仪器毁坏，制作宝山漏，供大名在内的诸多城市时间计量之急需。时人胡祗通称颂到："盖以民用天时以生活、兴作、晏息，顺之则吉，逆之则凶，故日百工惟时？其为政之先也。"这也应是郭守敬对天文制作新宝山漏的基本思想。郭守敬制作高表的主要目的之一是确定冬至时刻，这一时刻的确定固然是解决一系列历法问题的重要基石，对农业生产关系密切的24节气的确定也是极其关键的。杨桓在《高表铭》中指出"时在于天，术何以得？制器求之，乃见天则"；又在《太史院铭》中说："以农事为四民衣食之本，既设有司以董其勤，又思为振举之务，乃立太史院，以讲明天道，敬授民时。"制作高表与"惟农是本"的思想联系是在一起的。这正是郭守敬从事天文立法工作的终极目的之一，反映了他的天文学研究服务于人们生产、生活需要的思想。

2. 善于继承，勇于创新

郭守敬之所以能够成为杰出的科学家，其重要原因，在于他能够批判地继承人类既得的有关科学技术成果，并力争在此基础上大胆创新。利用他人原有过的设想、方法、措施或利用前人的初步发现，加以澄清、求证和应用，从而取得新的发现，揭示出具有更重要意义的知识，这是运用传统知识的一个重要环节。修订授时历时，郭守敬的思想准则是，首先查考我国一千三百年来七十余次改历的经验教训，总结四十余家历法的特点与得失。虽然这是郭守敬与许衡、王恂等人共同进行的，不能归功于一人，

但是在齐履谦所著《知太史院事郭公行状》中，唯独为郭守敬详述了历史上"创法者十有三家"的突出成就，可见郭守敬是抓住了重点做了一定的研究的。正因为他们在进行总结的基础上承袭前代历法家的传统知识，在丰富的前代历法宝库中择善而取，有选择地继承科学遗产，进行解析、改良和利用，所以授时历的科学基础是牢固的，其成就是比较全面的。清代梅文鼎曾指出："授时历集古法之大成，自改正七事，刨法五端外，大率都因古术"。他列举五星运动及定朔等许多问题，指出郭守敬他们曾利用了耶律楚材、杨忠辅、李淳风等许多人的成就。李约瑟在他的《中国科学史》中还说"1267年札马鲁丁带着两种鲁哈麻日晷图样到北京会见了郭守敬，当时阿拉伯日晷学著作才刚刚完成了十五年"。郭守敬一系列天文仪器的制作，有的也是受到阿拉伯天文仪器的启示，吸收了当时外国先进科学技术成果。

人们在运用知识的过程中，往往轻易地迷信书本和前人的结论，正所谓"尽信书不如无书"。郭守敬在阅览古历法书时，不盲从、不泥古，不仅如此，他还发现一些自古流传下来的书，专门宣扬利用念经、卜卦之类的邪说来预言日月星辰运动，蛊惑人们不必进行实际观测计算，而只进行迷信说教就能掐算出日月食的时刻等等，郭守敬认为这些阴阳伪书往往使人误入歧途，不如把它烧掉，以除后患。在征得王恂同意后全部都给焚毁了。郭守敬在"集古法"的工作中，既采用了传统知识的合理核心，又舍弃了上元积年、日法等旧法，并重新作多种实测，所创《授时历》，他"所考订者凡七事"，纠正了古历的许多误差；"所创法者凡五事"，在许多方面比历代古历有了重要发展。郭守敬在西夏治水的指导思想是"因旧谋新，更立闸堰，役不逾时"，充分体现了继承

和创新二者的关系。所谓"因旧"，即注意充分继承前人在西夏开发水利所取得的成果，认真地吸收前人在当地治水的经验和对已经淤浅的旧有渠道尽量加以疏浚和利用，所谓"谋新"，即根据当时已经变化了的地形和水文条件，采用新技术和新的措施，主要通过"更立闸堰"的办法，对西夏原来庞大的水利系统进行改造和创新。这样做的结果，极大地加快了工程进度。他在头年秋后发动群众开始修河道，到第二年春播前，就"役不逾时"地完成了这项能够灌田数万顷的水利工程。

3. 善于汇集和组织集体的智慧。他博采众长，包容并蓄，善于领导与团结，善于协作与分工，有缜密的系统规划，有严格的组织管理。同时他作为一个身为高官，在纷繁的工作与事务中却又始终保持着一个科学家的特质：一生不变的强烈事业心，一生不变的勤奋实践，一生坚持独立思考与研究。郭守敬青年时代在紫金山与王恂从学于刘秉忠、张文谦、张易等人时，他们就已一起共同研讨了有关天文方面新的计算方法，在郭守敬"创法凡五事"中用以计算日月五星运动的垛叠招差法与弧矢割圆术，元初以前没有出现过，应是他们集体研讨所得。在制定新历的过程中，当时的"紫金山五杰"除刘秉忠已经去世外，其他四人全部参加，其中王恂主算、任太史令；据记载，王恂与许衡在上奏元世祖忽必烈时就说"臣等遍考自汉以来历书四十余家，精思推算??创立新法，推算成辛己历"。郭守敬主制仪表、测验，在王恂去世后继任太史令。张文谦、张易在朝中的地位比他们高，亦皆参与其事，"为之主领裁奏于上"。学术讨论常有助于创造性的思维活动。讨论能集中个人的智慧，从不同的角度提出有益的见解、建议和新的方法，相互补益。郭守敬等人不论早年在紫金山共学，或后来

制历时共事，都是在相互信任和相互帮助的气氛中从事研习的。出山后的推荐保举和融洽相处，制历的过程繁复和结果圆满也能证实太史院的分工合作具有高度的效能。郭守敬并非最高首脑，但在组织集体以汇集众人智慧的科研活动中，他起了一定的主导作用。在改定新历时又集体作了定论、敷演和应用；而理论归纳、实用数表以及各种资料的整理编写任务，嗣后多年都由郭守敬一力完成，故后世每将创造都归之于郭守敬。作为一个寿命高年的代表人物，实际可以认为是以他为象征的集体科研成果。

保持独立的思考能力，是科学家成功的重要因素。观察郭守敬的作为，在他身上很能体现这一特征。读他的年谱可以发现其中年份的间隔不长就有创新成果。如果不是避免因循守旧而经常保持独立的思考能力，他是无法连绵不断地创出那么多业绩的。此外：在创造简仪、仰仪、高表等问题上，都可以看到他作为一个科学家长期保持独立思考能力的素质。锐敏的持续的思考能使人始终沿着选定的道路前进，直至取得成功。

4. 实践是他科学思想最突出的特征，郭守敬的独立思考又是同躬亲实践相结合的。郭守敬数十处水利工程之所以成功，就因为他在不断实践中通过详审细察，将感知到的事物，通过独立思考，提出方案和目标，定下方针和道路，循序前进，从而取得成功。他初见忽必烈"面陈水利六事"，绝大部分都是他在大名路及彰德路当张文谦随员时观察所注意到的和思量过的。观其一生所有的建树和创造，都是他经常从实践中观察思索，然后通过独立的思考，确立方向深入研究，锲而不舍，孜孜追求最后取得成功的。

（二）科学方法

常用的科学研究方法有：（1）假设与理论；（2）实验与观察；（3）科学与抽象。具体包括：非逻辑方法（理想化方法、模型方法、类比方法）和逻辑方法（分析与综合、演绎与归纳）。（4）数学方法；（5）"三论"（控制论、信息论、系统论）与系统科学方法（耗散结构论、协同学理论、突变论）。郭守敬一生科学成就的取得是他严谨科学的思想方法的硕果。因而，探讨和研究他的科学方法论思想，不仅使我们能更深入地理解他的科学成就，而且对我们今天的科学研究活动更有着积极的启迪意义。从郭守敬的科学成就作一审视和分析，我们可以梳理出如下一些主要的科学方法：

1. 严谨细致的观察方法。被马克思誉为西方古代"百科全书式"的哲人亚里士多德曾把观察方法称为科学发现之父。在郭守敬的科学研究活动中，我们可以发现亚里士多德的这一概括是异常精当的。从一定意义上我们甚至可以说，倘若离开了严谨细致的观察方法，郭守敬在科学发现和科学研究中的一切卓越成就都将失去根基。严谨的观察方法是先导。

莲花漏是一种计时器，是北宋科学家燕肃在古代漏壶的基础上改进创制的。这器具由好几个部分配制而成。上面有几个漏水的水壶。这几个水壶的水面高度配置得经常不变。水面高度不变，往下漏水的速度也就保持均匀。水流速度保持均匀了，那就在一定时间内漏下的水量一定不变，不会忽多忽少。这样，就可以从漏下的水量指示出时间来了。燕肃留下的莲花漏图，就画着这样的一整套器具。

配制这套器具的原理不很浅显。燕肃所画的图，构造也不很简单。仅仅依据一幅图就想掌握莲花漏的制造方法和原理，对一般成年学者来说也还不是一件容易的事情。年纪才十几岁的郭守敬居然把它弄得一清二楚，这就足以证明郭守敬确是一个能够刻苦钻研的少年。

在邢台县的北郊，有一座石桥。金元战争的时候，这座桥被破坏了，桥身陷在泥淖里。日子一久，竟没有人说得清它的所在了。郭守敬查勘了河道上下游的地形，对旧桥基就有了一个估计。根据他的指点，居然一下子就挖出了这久被埋没的桥基。这件事引起了很多人的惊讶。石桥修复后，当时一位有名的文学家元好问还特意为此写过一篇碑文。这时候，年青的郭守敬已经能对地理现象作颇为细致的观察了。那一年，他刚刚 20 岁。

2. 科学的类比推理方法。从科学发现的逻辑来看，由于客观事物存在着某种共同的规律性，因而，科学的类比推理方法从来是科学家们在科学发现与科学研究中所特别注重的。我国是天文学发达的国家之一。西汉以后，国家天文台的设备和组织已经达到相当完善的地步。它的主要任务之一是编制历法。我国古代的历法，内容是十分广泛的。包括日月运动及其位置的推算、逐年日历的编制、五大行星的位置预报、日食月食的预推等等。历法关系到生产、生活甚至政治活动等很多方面。因此，历来对这项工作都是相当重视的。一种历法用久了，误差就会逐渐显著，因而需要重新修改。跟着每次重大的历法修改，总带来一些创造革新的进步，像基本天文数据的精密化、天文学理论的新成就或计算方法上的新发明等等。历法的发展可说是中国天文学发展史中的一条主线。

元朝初年沿用当年金朝的"重修大明历"。这个历法是 1180 年（金世宗大定二十年）修正颁行的。几十年以来，误差积累日渐显著，发生过好几次预推与实际现象不符的事。再一次重新修改是迫切需要的事了。

1276 年（至元二十年），元军攻下了南宋首都临安（今浙江杭州），全国统一已成定局。就在这一年，元世祖迁都大都，并且采纳已死大臣刘秉忠的建议，决定改订旧历，颁行元朝自己的历法。于是，元政府下令在新的京城里组织历局，调动了全国各地的天文学者，另修新历。这件工作名义上以张文谦为首脑，但实际负责历局事务和具体编算工作的是精通天文、数学的王恂。

当时，王恂就想到了老同学郭守敬。虽然郭守敬担任的官职一直是在水利部门，但他的长于制器和通晓天文，是王恂很早就知道的。因此，郭守敬就由王恂的推荐，参加修历，奉命制造仪器，进行实际观测。从此，在郭守敬的科学活动史上又揭开了新的一章，他在天文学领域里发挥了高度的才能。

郭守敬首先检查了大都城里天文台的仪器装备。这些仪器都是金朝的遗物。其中浑仪还是北宋时代的东西，是当年金兵攻破北宋的京城汴京（今河南开封）以后，从那里搬运到燕京来的。当初，大概一共搬来了 3 架浑仪。因为汴京的纬度和燕京相差约 4 度多，不能直接使用。金朝的天文官曾经改装了其中的一架。这架改装的仪器在元初也已经毁坏了。郭守敬就把余下的另一架加以改造，暂时使用。另外，天文台所用的圭表也因年深日久而变得歪斜不正。郭守敬立即着手修理，把它扶置到准确的位置。

这些仪器终究是太古老了，虽经修整，但在天文观测必须日益精密的要求面前，仍然显得不相适应。郭守敬不得不创制一套

更精密的仪器，为改历工作奠定坚实的技术基础。

古代在历法制定工作中所要求的天文观测，主要是两类。一类是测定二十四节气，特别是冬至和夏至的确切时刻；用的仪器是圭表。一类是测定天体在天球上的位置，应用的主要工具是浑仪。

圭表中的"表"是一根垂直立在地面的标竿或石柱；"圭"是从表的跟脚上以水平位置伸向北方的一条石板。每当太阳转到正南方向的时候，表影就落在圭面上。量出表影的长度，就可以推算出冬至、夏至等各节气的时刻。表影最长的时候，冬至到了；表影最短的时候，夏至来临了。它是我国创制最古老、使用最熟悉的一种天文仪器。

这种仪器看起来极简单，用起来却会遇到几个重大的困难。

首先是表影边缘并不清晰。阴影越靠近边缘越淡，到底什么地方才是影子的尽头，这条界线很难划分清楚。影子的边界不清，影长就量不准确。

使用圭表时的第二个难题就是测量影长的技术不够精密。古代量长度的尺一般只能量到分，往下可以估计到厘，即十分之一分。按照千年来的传统方法，测定冬至时表影的长，如果量错一分，就足以使按比例推算出来的冬至时刻有一个或半个时辰的出入。这是很大的误差。

还有，旧圭表只能观测日影。星、月的光弱，旧圭表就不能观测星影和月影。

对这些困难问题，唐、宋以来的科学家们已经做过很多努力，始终没有很好地解决。现在，这些困难又照样出现在郭守敬的面前了。郭守敬分析了造成误差的原因，然后针对各个原因，找出

克服困难的办法。

首先，他想法把圭表的表竿加高到 5 倍，因而观测时的表影也加长到 5 倍。表影加长了，按比例推算各个节气时刻的误差就可以大大减少。

其次，他创造了一个叫做"景符"的仪器，使照在圭表上的日光通过一个小孔，再射到圭面，那阴影的边缘就很清楚，可以量取准确的影长。

再其次，他还创造了一个叫做"窥几"的仪器，使圭表在星和月的光照下也可以进行观测。

另外，他还改进量取长度的技术，使原来只能直接量到"分"位的提高到能够直接量到"厘"位，原来只能估计到"厘"位的提高到能够估计到"毫"位。

郭守敬对圭表进行了这一系列的改进，解决了一系列的困难问题。

浑仪至迟在公元前第二世纪就已由我国天文家发明了，唐、宋以来历代都有发展。它的结构完全仿照着当时的人们心目中反映出来的那个不断转动着的天体圆球。在这圆球里是许多一重套着一重的圆环。这些圆环有的可以转动，也有不能旋转的。在这些重重叠叠的圆环中间夹着一根细长的管子，叫做窥管。把这根细管瞄准某个星球，从那些圆环上就可以推定这个星球在天空中的位置。因为这个仪器的外形像一个浑圆的球，所以称为浑仪。它是我国古代天文仪器中一件十分杰出的创作。在欧洲，要到 16 世纪左右，才有与我国北宋浑仪同样精细的仪器。

但是，这种浑仪的结构也有很大的缺点。一个球的空间是很有限的，在这里面大大小小安装了七八个环，一环套一环，重重

掩蔽，把许多天空区域都遮住了，这就缩小了仪器的观测范围。这是第一个大缺点。另外，有好几个环上都有各自的刻度，读数系统非常复杂，观测者在使用时也有许多不方便。这是第二个大缺点。郭守敬就针对这些缺点作了很大的改进。

郭守敬改进浑仪的主要想法是简化结构。他准备把这些重重套装的圆环省去一些，以免互相掩蔽，阻碍观测。那时候，数学中已发明了球面三角法的计算，有些星体运行位置的度数可以从数学计算求得，不必要在这浑仪中装上圆环来直接观测。这样，就使得郭守敬在浑仪中省去一些圆环的想法有实现的可能。

郭守敬只保留了浑仪中最主要最必需的两个圆环系统，并且把其中的一组圆环系统分出来，改成另一个独立的仪器，把其他系统的圆环完全取消。这样就根本改变了浑仪的结构。再把原来罩在外面作为固定支架用的那些圆环全都撤除，用一对弯拱形的柱子和另外四条柱子承托着留在这个仪器上的一套主要圆环系统。这样，圆环就四面凌空，一无遮拦了。这种结构，比起原来的浑仪来，真是又实用，又简单，所以取名"简仪"。简仪的这种结构，同现代称为"天图式望远镜"的构造基本上是一致的。在欧洲，像这种结构的测天仪器，要到18世纪以后才开始从英国流传开来。

郭守敬简仪的刻度分划也空前精细。以往的仪器一般只能读到一度的1/4，而简仪却可读到一度的1/36，这架仪器一直到清初还保存着，可惜后来被在清朝钦天监中任职的一个法国传教士纪理安拿去当废铜销毁了。现在只留下一架明朝正统年间（1436～1449年）的仿制品，保存在南京紫金山天文台。

郭守敬用这架简仪作了许多精密的观测，其中的两项观测对

新历的编算有重大的意义。由此可见科学的类比推理方法对于郭守敬科学活动的重要性。

3. 怀疑与否定的方法。20世纪最伟大的科学家爱因斯坦曾把怀疑精神视为一个科学家的基本素质，他由此而极力推崇著名的怀疑论者休谟的哲学方法论。爱因斯坦的成就得益于他对牛顿经典力学的大胆怀疑和否定。在郭守敬的科学研究活动中，我们同样可以感受到这种怀疑和否定精神对科学研究的重要意义。郭守敬的科技发明和学术创见很多，他的著作为历代各门学科专家经常引用。这固然因为他有敏锐的观察能力，能够刻苦钻研；但也和他对前人的结论有一种科学的怀疑和否定精神相关。

郭守敬通过观测工作，对于"黄赤大距"（黄指太阳，赤指赤道，大距是指赤道平面和太阳平面形成的交角，是天文学上最基本的数据之一）和二十八宿距度（即赤经差）的测定有了重要发现，这也是他在天文学上的两项重要成就，对于改进历法具有重大意义。他于1280年春编写了一部新的历法——《授时历》，第二年颁行全国实行。《授时历》确定一年为365.2425天，比地球绕太阳公转一周的实际时数仅差26秒，和现代世界通用的公历完全相同，却比它早三百年发现。它是我国古代最优良的一部历法，体现了郭守敬在科学上的创新精神。

在《授时历》里，有许多革新和创造。第一，废除了过去许多不合理不必要的计算。例如，避免用很复杂的分数来表示一个天文数据的尾数部分，改用十进制小数等。第二，创立了几种新的算法，例如插入法及球面三角法则等。第三，总结了前人的成果，使用了一些较为进步的数据，例如采用南宋杨忠辅所定的回归年，以一年为365。2425日，与现行的公历的一年时间完全一

致。《授时历》是 1281 年颁行的；现行的公历却是 1576 年才由意大利人利里奥提出来。《授时历》确是我国古代一部很进步的历法。郭守敬把这部历法写成定稿，流传到后世，把许多先进的科学成就传授给后人，这件工作，对后人来说是很有意义的。

4. 科学的数学方法。以科学的数学方法拟合天体的运行和水利工程设计或施工方案的定量化。郭守敬力图运用数学方法对有关研究课题进行定量模写，以替代传统的定性描述，从而使我国天文历法或水利工程提高到新的水平。清代阮元曾指出，郭守敬在授时历的编制过程中，遵循了"先之以精测，继之以密算"的基本思想路线，十分精辟地概括了郭守敬的治历思想。郭守敬首先对日、月、五星的实际运动状况作尽量多和尽量准确的测量。这些测量既是描述日、月、五星运动的基础，又可从中探索日、月、五星运动的规律性。郭守敬继而运用数学方法去描写这种规律性，也就是运用数学方法去拟合日、月、五星运动状况，从而达到准确地描述任一时刻日、月、五星等天体运动的目的。郭守敬对日、月、五星运动的精确测量发现，在任一区间它们的运动状况并非是匀速变化的，也不是等加速或等减速变化的，所以非但传统的一次差内插法不能，就是二次尼米聪．谷瑞雪：试论郭守敬的科学思想与思维特征差内插法也不能准确地模写其变化。有鉴于此，郭守敬等人在隋刘焯与唐一行等二次差内插法的基础上，发明了三次差内插法，用以拟合日、月、五星运动的真实变化，达到了较好的效果。

对于天体的赤道、黄道、白道经度之间的相互变换，对于太阳视赤纬的推算，以及对于日出入时刻和昼夜时刻的计算，前人或在实测的基础上，以经验性的数学方法加以处理，或给出近似

的代数学方法予以计算。郭守敬等人则在宋代沈括会元术等的基础上，发明了弧矢割圆术，较好地解决了上述天文课题。

对于日食三限与月食五限的算法，郭守敬等人则一改传统历法运用近似的代数计算法，而采用明晰的几何学与代数学方法的途径，给出了较准确的新算法。郭守敬水利工程设计或施工方案的定量化，是中国古代水利工作进一步科学化与精确化的重要标志，也是郭守敬水利思想的一大特征。明代徐光启指出："(郭)守敬受学于刘秉忠，精算术、水利，巧思绝人。如若恩(郭)守敬者，可谓博大精深，继神禹之绝学者矣，胜国略信用之。至乃其为法，不过句股测量，变而通之，有绍命郭氏之业者，必能佐平成之功。"说的正是数学计算方法在水利工程中运用的重大科学意义。在邢台城北治水的设计中，郭守敬"分画沟渠"，在施工时分片组织，同时开工，各工段各负其责，务使达到预期的质量标准与工期要求，这对加快进度并保证工期的质量是十分有利的措施。在施工中，郭守敬还"立准计工"。所谓"立准"是指建立施工的标准与计算工作量的方法，而"计工"则按既定的标准与方法对难易各异的具体工程化算成所需投入的工时。这些是郭守敬力图使施工有条不紊，实行严格的组织管理以及使工程的质量与工作量都数量化的重要尝试，是令施工及其组织管理科学化、合理化思想的反映。

5. 实地考察和调查研究的方法。郭守敬特别注重实地考察和调查研究。在水利方面，早在他宁夏治水之初，他就根据忽必烈的旨意，对宁夏的河渠进行了考察，并绘制出了详细的地图，这成为他后来成功完成宁夏治水任务的基础。自宁夏返回后，郭守敬曾经从孟门山（今陕西宜川至山西吉县一带）起，顺中条山往

东，对黄河故道及沿岸地区的地势变化进行了考察测量，绘制了详细的地图，同时用文字说明了哪些地方可以引水，哪些地方可以进行灌溉，这些工作为进一步开发治理黄河，取得了珍贵的第一手资料。在对冀鲁水系进行考察时，郭守敬依旧绘制了详细的地图，这也成为山东大运河开通的主要依据。郭守敬还对黄河源头进行过考察，但对于这次活动，历史记载不详。总而言之，郭守敬在治水中的考察，并非走马观花式的游览，亦非猎奇式的道听途说，而是脚踏实地的科学活动。

明代科学家徐光启对郭守敬在水利方面的成就评价非常之高，尤其指出了郭守敬的水利之学是以测量学与数学为基础的，亦即实地测量与定量计算是郭守敬水利工作卓著的根本保证。

在多次的考察测量当中，郭守敬还有一些创造性的科学成果，最重要的是他提出了海拔高度的概念并运用到了实际工作当中，时间大概是在1279年，郭守敬路过开封之时，他发现流经此处的黄河的流速比流经北京的河流快得多，又兼及北京离海近而开封离海远的基本事实，提出了海拔高度概念并得出开封海拔高度应高于北京的结论，从而建立了以海平面作为衡量各地水平高度统一标准的概念，解决了进行大面积测量时，各局部数据的统一性问题。海拔这一科学概念的确立，对于测量事业的发展，具有十分重大的意义，直到今天，世界各国的区域性测量，其水准测量成果，仍然是归化到以海岸某点的平均海水面作为基准面的高程系统中。我国现在的海平面高程，就是采用青岛港验潮站历年记录的黄海平均海拔数值。

在修编《授时历》的过程当中，郭守敬非常重视实际观测天文，为此，他征得忽必烈的批准，在全国设了27个天文观测点，

其范围包括现在的西伯利亚、朝鲜、河西走廊、南海，这就是天文史上"四海测验"的壮举。郭守敬派了14名监候官负责全国的观测工作，他自己也到各地的观测点了解情况。现存于河南省登封市城东南15公里告成镇的登封观星台，就是郭守敬于1276年建成，是我国现存最大的古天文台，具有测影、观星、记时等功能。进行天文观测，离不开天文仪器，郭守敬为此制造了众多的天文仪器，前文已有介绍。值得一说的是，在《授时历》刚开始编时，王恂、张易等人并没有制造新仪器的想法，而只是想对原有的天文仪器略作维修，用以进行必要的测量，是郭守敬参与后，竭力主张制造新仪器，也多亏了他的坚持，才有了《授时历》后来的准确。

（三）科学成就

郭守敬的科学成就主要表现在天文、水利、数学及地理等方面。

1. 天文学成就

（1）天文仪器的制造

公元1276—1280年间（元世祖至元十三年至十七年），郭守敬被元世祖忽必烈任命为主管历法方面的官员，主持历法的修订工作。元初，由于旧历法年久失修，旧有的天文仪器已经陈旧不堪，无法准确观测天象，发生了节气差错、日月食不准等各种弊病。公元1276年忽必烈下令修订历法，由许衡、张文谦、王恂和郭守敬等主持，但实际负责的却是郭守敬。他认为："历之本，在于测验；而测验之器，莫先仪表。"于是就把研制天文仪器作为主要问题来进行。在修历过程中，郭守敬一共创制了简仪、高表、候极仪、浑天仪、玲珑仪、仰仪、立运仪、证理仪、景符、窥几、日月食仪、星晷、定时仪等十三件精巧的天文仪器，这些仪器主要用于观测天体、日月、星辰和日食等。

郭守敬在天文学方面的主要贡献，毋庸置疑就是参与制定了《授时历》，但为了制历工作，他还制造了天文仪器，从事了天文观测，这些也是他对古代科技事业的巨大贡献。

《授时历》制历工作从 1276 年开始，汇聚了一批人才，骨干就是王恂和郭守敬。郭守敬的主要工作就是制造仪器、进行实际观测。

郭守敬为此创制了十二件天文台上用的仪器，以及四件可携至野外观测用的仪器。其中九件在《元史·天文志》有较详细记载：简仪、候极仪、立运仪、浑象、仰仪、高表、景符、阑几和正方案。

简仪是郭守敬发明的最重要的天文仪器。

早在战国时代，我国便已有了自己的测天仪器——浑仪。浑仪也叫浑天仪，是由 7，8 层环圈套叠起来的一种大型仪器，形状象征着天球。天球是什么东西呢当人们抬头观看四周天空时，天穹似半个圆球覆盖着大地，地平线下似乎还有半个圆球。太阳和月亮好象在这个圆球上东升，西落，并且不断地在星空背影上交换着位置，星星也好似是缀附在这个圆球面上转动。这种从视觉反映出来的表面现象，并不代表着实际运动。为了便于记录，计算和探讨天体运行的现象，就把这天穹叫天球，实际上是不存在的。浑仪便是模拟天球的测天仪器。仪器上的各个环，有的代表地平线和南北子午线，有的代表着赤道和黄道等等。仪器中心有轴，两头指向天球的北极和南极。这些环，有些是固定的，有些

则能转动。有的环上刻有刻度，时刻或方位。最里面的一道叫四游环，能围绕南北极的枢轴旋转。双环中间夹着一根空长管，外方内圆，能在环缝之间转动，叫做窥管。窥管犹如近代的天文台上的望远镜，只是没有透镜罢了。若是东西转动四游环，同时南北向转动窥管，能从窥管中瞄准天球上的任何一点，随便观测哪个天体。

浑仪的作用虽大，却美中不足。用它进行观测，主要靠那根窥管和四游环。然而，这内环之外，还有 6，7 道重重套叠围箍着的外环。外层几道环称为 6 合仪，中层几道环称为三辰仪，最里面的四游环亦叫四游仪。这些环都有 1，2 寸的宽度。人在窥管下进行观测时，常常发现要瞄准的天体被一道环挡住了，很方便。有时，会把一个难得的或很巧的观测机会错过。这种仪器自发明以来，由简单趋向复杂，已经有着大约 16 个世纪之久。郭守敬根据自己的实际观测经验，针对浑仪的不足之处做了大胆的革新创造。

郭守敬改造浑仪的主要想法是简化结构。他把这些重重叠叠套装的圆环省去一些，以免互相掩蔽，阻碍观测。那时候已发明了球面三角法的计算，有些星体的运行位置可以从数学计算求得，不必在这浑仪中装上圆环来直接观测。这样，就使得郭守敬在浑仪中省去一些圆环的想法得以实现。

郭守敬只保留了浑仪中最主要也是最必需的两个圆环系统，并且把其中的一组圆环系统分出来，改成另一独立的仪器，把其它圆环完全取消。这样就根本改变了浑仪的结构。再把原来罩在外面作为固定支架用的那些圆环完全撤除，用一对弯拱形的柱子和另外四条柱子承托着留在这个仪器上的一套主要的圆环系统。

这样，圆环就四面凌空，一无遮拦了。这种结构，比起原来的浑仪来，又实用，又简单，所以取名叫"简仪"。简仪的这种结构，同现代称为"夹图式望远镜"的结构基本上是一致的。在欧洲，象这种结构的测天仪器，要到18世纪以后才开始从英国流传开来。

郭守敬简仪的刻度分化也空前精细。以往的仪器只能读到一度的1/4，这简仪却可读到一度的1/36，精度一下子提高了好多。这架仪器一直到清初还保存着，可惜后来被在清朝钦天监（掌管天文历法的官署）中任职的一个法国教士纪理安拿去当废铜销毁了。

郭守敬用这架简仪作了许多精密的观测，其中的两项对新历的编纂具有重要的意义。

一是黄道和赤道的交角的测定。赤道是指天球的赤道。地球是悬在空的天球之内，设想地球的赤道面向四周伸展出去，和天球的边缘相割，割成一个大圆圈，这个大圆圈就是天球的赤道。黄道是指地球绕太阳作公转的轨道平面延伸出去，和天球相交所得的大圆。天球上黄道和赤道的交角，就是地球赤道面和地球公转轨道面的交角。这是一个天文学基本常数。这个数值从汉代以来一直认为是24°，1000多年来，始终没有人怀疑过。实际上这个交角年年都在不断地减少，只是每年减少的数值很小，只有半秒，短期时间察觉不到罢了。可是变化虽小，积累了一千多年也会显出影响来了。黄，赤交角的数值的精确与否，对其它计算结果的准确与否很有影响。因此，郭守敬对这沿用了千年的数据进行了检查。经过他实际测定，当时的黄，赤交角只有二十三度九十分。这是用古代角度制算出的数值，根据现代天文学理论的推算，当时的这个交角实际上应该是 23°31′58″。郭守敬测量的角度实际上只有 1′25″的误差。这样的观测，在郭守敬当时的时代，是很难能可贵的。

二是对 28 宿距度的测定。我国古代在测量 28 宿各个星座的距离时，要用一颗星作为标志，这颗星称为"距星"。因为要用距星作为标志，所以距星本身的位置一定要定得很精确。从这一颗距星到下一颗距星之间相距度数叫"距度"。这距度可以决定这两颗星之间的相对位置。28 宿的距度，从汉朝到北宋，一共进行过五次测量。它们的精度是逐次提高的。最后一次是在宋徽宗崇宁年间（1102—1106 年）进行观测的，这 28 距度数值的误差平均为 0°15′，到郭守敬时，经他测定的数据，误差平均值只有 4′5″，比崇宁年间观测的误差降低了一半。这是一个了不起的成就。

候极仪是郭守敬发明的一件校正仪器极轴安装位置的仪器，属于简仪的附属装置。

立运仪是把浑仪中的地平环分离出来构成的一个独立装置。一个地平环水平地卧在仪器底座上，另一个可移动的立运环立在地平环的中心。这件能同时读出地平高度和方位角的仪器，安装在简仪上，实际上是简仪的附属装置。

仰仪是郭守敬独创的一台机器。这是一台铜制的、中空的半球面形仪器，形状像口仰天放着的锅，从坐标网上可读出太阳在天球上的位置。这件仪器后来传入了朝鲜，改名仰釜日晷，现在韩国首尔还有实物遗存。

"仰仪"，是个铜制的中空半球，形状象一口仰天放着的锅。半球的口上刻着东西南北方向。半球上面刻着与观测地纬度相应的纵横线网格。半球口上用一纵一横的两根竿子架着一块小板，板上开一小圆孔，孔的位置正好在在半球的球心上。太阳光通过小孔，在球面上投下一个圆形的象，映照在所刻的线格网上，立刻就可读出太阳在天球上的位置。人们可以避免用眼睛逼视那亮度极高的太阳本身，就能确定太阳的位置，这是很巧妙的。更妙的是在发生日食时，仰仪面上的日象也发生相应的亏缺现象。这样，从仰仪就可直接测出日食的方向，亏缺部分的多少，以及发生各种食象的时刻等等。虽然伊斯兰天文家在公元11世纪时就已经利用日光通过小孔成象的办法来观测日食的亏缺，但他们只是利用一块有洞的板子来观测，帮助测定各种食象的时刻罢了，还没有象仰仪这样可以直接读出数据的仪器。

浑象是一台天球仪，与现代常见的天球仪本质一致，只是安放在一只方柜子中。方柜的面相当于地平面，半个天球露在方柜

之上。柜内有机轮系统，可以用漏壶流水来推带，使之与实际的天球作同步运转。这是对张衡所创的水运浑象仪的继承。

高表就是古代圭表的放大版。圭表的"表"是根垂直立在地上高八尺的竿子或铜柱。"圭"是从表足下往北延伸的一根平放的尺子。正午太阳投射出表影落在圭面上，测量影子的长度，可以推算出冬至和夏至的时刻等等。但由于表影的顶端界限模糊不清，就影响了观测精度。郭守敬将圭表增加到原来的五倍高，故称高圭。绝对数据增长到五倍，同样的测量误差就缩小了五分之四。关于这一点，后世的天文学家也都认识到了，所以后来全世界天文仪器巨型化的趋势是很明显的。这方面，郭守敬是先行者。

景符是一件与高表相配合使用的仪器，可以利用针孔成像原理，解决阳光漫射使表影模糊的问题。古代测量影长的读数精度只能到寸以下的分，郭守敬使用了景符，测量的读数精度就可以到分以下的厘，厘以下还可估计到五毫。

阚几也是配合高表使用的。古代圭表只能用于测量太阳影长，没人想过测量月亮和星星的影长。于是，郭守敬发明了阚几来从事这项前所未有的测量。用远隔两地的高表、阚几，同日观测，由此可以推算星、月离地面的距离。只可惜当时具体的推算方法和实测事例都没有流传下来，否则，将为中国天文学发展史提供许多重要的信息。

正方案是一件可以携带到野外用的观察日影的仪器，也可以用来测定北极方向。

其他的玲珑仪、证理仪、日月食仪、丸表、座正仪等，以及郭守敬制造的宝山漏、大明殿灯漏、灵台水运浑天漏、柜香漏、屏风香漏、行漏等，都只有简单文字描述，其内部结构和工作原理，因缺乏史料无法知道。

玲珑仪是测量新历所需基本数据的主要仪器，在《元史·郭守敬传》中说："作玲珑仪，以表之距方，测天之正圜，莫若以圜求圜。

玲珑仪是中国古代从来没有过的天文仪器，是郭守敬伟大的独创，郭守敬用它开创了中国古代恒星测量绝对测量的先例，改变了过去通过自己观测与前人观测结果比较再归算出新的恒星位置的相对测量法，绝对测量不需用前人的恒星测量数据，而是自己测量恒星赤道坐标的原点冬至点后直接测量恒星与坐标原点角距的方法，在天体测量学上具有开创新测法的不朽功绩，将玲珑仪上实测得到的黄道、分至点和恒星位置移植到浑象上，郭守敬制浑象展示的就是元代最新的测量成果，了解了玲珑仪的结构和测量方法后，就容易理解郭守敬在《授时历议》中说的"列宿著于天，为舍二十有八，为度三百六十五有奇，非日躔无以校其度，非列舍无以纪其度，周天之度，因二者已得之。"明确说他是用太阳运行度数校验恒星位置，用二十八宿距星计量其它恒星度数的。中国天文学史大系《中国古代历法》卷中说："授时历的另一项重要改革，是采用实测历元法，即由实测得到某年冬至时刻以及各有关天文量与该冬至时刻的时距（或度距），由此可得到有关天文量各不相同的起算点，从而由传统的上元历元法的弊病中解脱出来，这有助于提高有关历法问题的计算精度。"因为是在玲珑仪上实测出的冬至点，所以该仪为制订《授时历》立下了头功。由于玲珑仪上记录下了每天太阳的位置，使郭守敬得到太阳不均匀运动更为精确的结果，授时历认为太阳在冬至点速度最高，在夏至点速度最低。可见无论认为玲珑仪是浑仪还是假天仪，都大大低估了玲珑仪的功能和成就，我们只能说，玲珑仪确实是一台无与伦比的创新的古代天体测量仪器。

在制造仪器方面，郭守敬取得的主要成就如下：

第一，制造了多种天文观测仪器，如简仪、高表、景符、窥几、仰仪等；

第二，制造了计时仪器，如宝山漏、丸表、赤道式日晷、星晷定时仪、行漏、大明殿灯漏、柜香漏、屏风香漏等；

第三，制造了天象演示仪器，如玲珑仪、证理仪、日月食仪、浑象、水浑运浑天漏等；

第四，制造了安置校正仪器，如候极仪、正方案，悬正仪、座正仪等。

郭守敬在仪器制造方面的成就，得到了当时及后人的高度评价，这其中也包括一些外国人。1600年，意大利传教士利玛窦在南京鸡鸣山看到郭守敬制造的浑象、浑仪等仪器时，大为赞叹。1622年，德国传教士汤若望获悉郭守敬在天天文历法领域，尤其是在天文仪器方面的成就之后，称赞郭守敬为"中国的第谷"，第谷是丹麦人，当时在天文领域和天文仪器制造方面取得了卓越的成就，当然，这个评价也引起了一些学者的不满，因为第谷晚于郭守敬300多年，因此他们认为，将第谷称为"欧洲的郭守敬"更为贴切。

《元史》称他研制的这些天文仪器"皆臻于精妙、卓见绝识，盖有古人未及者。"这些仪器具有精致、灵巧、简便、准确的特点，不仅元代以前我国历史上没有，而且达到了当时世界的先进水平。

综观郭守敬一生制造的天文仪器，大多具有设计科学、结构

巧妙、制造精密、使用方便的特点，博得同时代和后世的高度赞扬。王恂是很高傲的人，每见到郭守敬的新创作，皆为之心服。三百年后，利玛窦在南京看到几件明初从北京运到南京的郭守敬天文仪器，赞叹说："其规模和设计的精美远远超过曾在欧洲看到和知道的任何这类东西。这些仪器虽经受了二百五十年的雨、雪和天气变化的考验，却丝毫无损于它原有的光荣"。

王恂、郭守敬等同尼泊尔的建筑师阿尼哥（就是建造北海白塔的那位）合作，在大都兴建了一座新的天文台，台上安置着郭守敬所创制的那些天文仪器，它是当时世界上设备最完善的天文台之一。

郭守敬制作的天文仪器，后来历经战乱流失，明初一部分被运到南京，清初又运回北京。后来在十八世纪康熙、乾隆年间的几次工程中，把郭守敬的很多仪器（包括简仪、现在南京紫金山天文台只留下一架明朝的简仪仿制品）都当作铜材熔化掉了。这是我国文化史上的一大损失。

（2）天文观测

郭守敬运用他改进、创造的天文仪器，进行了许多精密的天文观测，从而使《授时历》的编制有了可靠的观测基础。

在改造和创制天文仪器的基础上，郭守敬又建议成立"司天台"，并在全国各地设立 26 个观测点，最北的测点是铁勒（在今西伯利亚的叶尼塞河流域），最南的测点在南海（在今西沙群岛上），选派了十四个监候官员分别到各地进行观测。郭守敬也亲自带人到几个重要的观测点去观测。各地的观测点把得到的数据全部汇总到太史局。这次观测有极大收获，特别是对于恒星的测量，精度比宋代提高了约一倍。此外还测量了前人未命名的恒星 1 千

余颗，使记录的星数从传统的 1464 颗，增加到 2500 颗。这个数字，比 1 百年后西欧文艺复兴以前观测的星数 1022 颗多出一倍半，显示了我国古代恒星位置的测量水平是居于世界领先地位的。郭守敬测定了冬至时刻，从八百多年前的祖冲之所做的冬至时刻观测开始，选取历史上比较可靠的六次冬至时刻的测定，由此定出了一个回归年数值为 365.2425 日，是祖冲之以来最精密的数值。

郭守敬还做过全天星表的测定工作。所谓星表通常是指具有坐标位置的恒星目录。郭守敬的工作应当汇集在他的《新测二十八舍杂坐诸星入宿去极》一卷及《新测无名诸星》一卷两书中。遗憾的是这两书都已不存。令后人感兴趣的是，郭守敬是选取的哪些无名星？根据什么原则选的？怎么称呼它们？这些星的选取和阿拉伯的星表是否会有某种关系？（元朝天文台有很多阿拉伯、波斯的天文学家供职）由于此书失传，这些问题均无法解答。

郭守敬根据大量数据，花了两年的时间，编出了一部新的历法，叫《授时历》。这种新历法，比旧历法津确得多。它算出一年有 365.2425 天，同地球绕太阳一周的时间，只相差 26 秒。这部历法同现在通行的格里历（即公历）一年的周期相同。但是郭守敬的《授时历》比欧洲人确立公历的时间要早三百零二年。

在大量观测的基础上，经过郭守敬、王洵等天文学家的努力，1280 年新历告成，命令为《授时历》。《授时历》吸取了我国古代各种历法的精华，运用了宋朝以来数学发展的新成就，并加以创新，成为当时最优秀的历法。它的所有数据几乎全是历史上最先进的。它采用的太阳回归年长度为 365.2425 日。这数值比地球绕太阳公转一周的实际时间只差 26 秒。现今通用的公历比《授时历》晚 3 百余年颁行，采用的也是同一数据。《授时历》从 1281

年始在全国实行，直到明末，使用时间长达 363 年，成为我国历史上使用最长的一部历法。

（3）四海测验

元代科学家郭守敬等发起并组织的大规模全国天文测量。从 1279 年开始，在当时的元朝疆域之内 27 个地点进行。与现代值相比，平均误差在 0.2°至 0.35°之间，有两处则与现代值完全相等。这次四海测验，为编制《授时历》奠定了基础。

四海测验的背景。公元 1279 年（至元十六年），元朝天文学家郭守敬（1231–1316）为同知太史院事时，向元世祖忽必烈提出在全国范围进行大规模天文测量的建议。他指出唐朝开元年间天文学家僧一行曾命令南宫说带领一组人员，在全国 13 处观测点进行天文测量，现今元代的疆域比唐代还大，若不分赴各地进行实测，就不能了解日月食的时刻和食分数，各地昼夜长短的差距，日月星辰在天球上的位置等等，忽必烈听后非常赞同，并马上批准实施。由此四海大测验拉开帷幕。

观测工具。郭守敬在四海测验期间，亲自主持建造了河南登封观星台，现已被列入国家重点文物保护单位。观星台，是按登封观星台 1：1 的比例仿建的。它由两部分组成，一是梯台体建筑，二是由台身北壁凹槽向北平铺于地的石圭。梯台体建筑高 8.9 米，连台顶观测室通高 11.96 米，台底东西长 16.85 米，南北长 16.37 米，台顶东西长 8.05 米，南北长 7.55 米。台顶可放置天文仪器，如简仪、仰仪等，以观测日、月、星辰。两观测室之间水平放置一根长 1.97 米，直径为 0.08 米的铜棒，又叫横梁。横梁下方有一石圭，长 31.39 米，宽 0.53 米，高出地面 0.4 米，由 36 块青石拼接而成。圭面有刻度，因而石圭又叫量天尺。石圭、凹槽、横梁组成圭表，可以观测日影。中午太阳升到上中天，也就是正南方时，横梁影子就投在圭面上某一刻度。连续观测横梁影子的长度，就可以推算出回归年长度和二十四节气时刻等。当年，郭守敬就是用这种测量方法测定出一回归年长度为 365.2425 日。

元初的天文仪器，都是宋、金时期遗留下来的，已破旧的不能使用了。郭守敬就在原仪器的基础上进行改制，并在实践中重新设计，在 3 年的时间里，改制和重新创造了十多种天文仪器。其中主要的是简仪、赤道经纬和日晷三种仪器合并归一，用来观察天空中的日、月、星宿的运动，改进后不受仪器上圆环阴影的影响。高表与景符是一组测量日影的仪器，是郭守敬的创新，把过去的八尺改为四丈高表，表上架设横梁，石圭上放置景符透影和景符上的日影重合时，即当地日中时刻，用这种仪器测得的是日心之影，较前测得的日边之影精密得多，这是一个很大的改进。

测量的范围：郭守敬主持的四海测验，在全国各地设立了 27 个观测站，东起朝鲜半岛，西至川滇和河西走廊，北到西伯利亚，其测量内容之多，地域之广，精度之高，参加人员之众，在我国历史上乃至世界天文史上都是空前的，比西方进行同样的大地测量早了 620 年。

据史书记载："设监侯官一十四员，分道而出，东至高丽，西极滇池，南逾朱崖，北尽铁勒，四海测验，凡二十七所。"

测量的经过。元世祖接受了郭守敬的建议，派监侯官 14 人分道而出，在 27 个地方进行了天文观测，告成观星台就是当时 27 处观测站之一，这就是历史上有名的"四海测验"。郭守敬从上都（多伦），大都（北京）开始历经河南转抵南海跋涉数千里，亲自参加了这一路的重要测验。告成（古阳城），当时属河南府（即洛阳）管辖，观星台的兴建和观测日影就在此时。当时，这里观测的结果是：河南府——阳城（即今告成）北极出地 34 度太弱，见《元史·天文志》。

测量的结果。郭守敬这次测量的结果见表 2。

表 2　四海测验结果

观测点	现代对应的地点	元测纬度	现测纬度
南海	西沙及中沙群岛以南或东南	15	
衡岳	湖南衡阳衡山附近	24.6	
岳台	河南开封市区西部宋浚仪县岳台坊	34.5	
和林	蒙古国乌兰巴托西南鄂尔浑河上游右岸额尔德尼桑图附近喀拉和林	44.4	
铁勒	俄罗斯贝加尔河西部叶尼塞河上游安加拉河一带	54.2	
北海	俄罗斯西伯利亚中部通古斯卡河一带	64.1	
大都	北京市	40.2	39.9
上都	内蒙古自治区正蓝旗闪电河北岸兆乃曼苏默	42.6	42.4
北京	辽宁省宁城西北大明城	41.5	41.6
益都	山东省益都县	36.7	36.7
登州	山东省蓬莱	37.7	37.8
高丽	朝鲜开城	37.7	
西京	山西大同	39.7	40.1
太原	山西太原	37.7	37.8
安西府	陕西西安	34.1	34.3
兴元	陕西汉中	33.1	33.1
成都	四川成都	31.1	30.7
西凉州	甘肃武威	39.5	
东平	山东东平	35.2	35.9
大名	河北大名东	35.5	36.3

续表

观测点	现代对应的地点	元测纬度	现测纬度
南京	河南开封	34.3	34.8
阳城	河南登封告成镇之北	34.2	34.4
扬州	江苏扬州	32.5	32.4
鄂州	湖北武汉市武昌	31.1	30.5
吉州	江西吉安	26.1	27.1
雷州	广东海康	20.5	20.9
琼州	广东海口南琼山	19.5	20

　　四海测验对后续的研究产生重大的影响。郭守敬根据"四海测验"的结果，并参考了1000多年的天文资料，70多种历法，互相印正对比，排除了子午线日月五星和人间吉凶相连的迷信色彩，按照日月五星在太空运行的自然规律，在公元1280年（至元十七年），编制成了新历法——《授时历》。《授时历》推算出的一个回归年为365.2425天，即365天5时49分12秒，与地球绕太阳公转的实际时间，只差26秒，和现在世界上通用的《格里高利历》（俗称的阳历）的周期一样，但《格里高利历》是1582年（明万历十年）开始使用，比郭守敬的《授时历》晚300多年，在国际上产生了一定的影响。

　　四海测验具有重要的意义。证明领土。据史料记载，1279年，元代著名天文学家郭守敬奉旨进行"四海测验"，在南海的测量点就在黄岩岛。这说明，至少在元朝中国就已发现了黄岩岛。郭守敬亲自登陆的南海测点为黄岩岛及附近诸岛，测量结果在《元史·天文志·四海测验》中有详细记载，创世界纪录协会世界最早对黄岩岛进行地理测量的政府世界纪录。

正如《元史·天文志》所说："是亦古人之所未及为者也。"

在唐代，僧一行在改历时就提出应派观测队到全国十三个地点进行天文观测，以便使新历能适应全国的要求。元朝疆域远比唐朝辽阔，至元十六年（公元 1279 年），忽必烈接受郭守敬的建议，派出十四个观测队，到全国二十七处地点（包括大都）进行了天文观测。这次史称"四海测验"的天文观测，尤其对南海、衡岳、岳台、和林、铁勒、北海和大都七处进行了精密测量（其余二十处的数据较少）。

地球的赤道面延伸出去，在天球上的投影也称为赤道，或称天赤道。地球绕日公转的轨道面延伸出去，在天球上的投影称为黄道。黄道和赤道之间有个交角，称为黄赤交角。这是天文学上的基本数据。

许多历法计算上的问题都要用到这个数据。郭守敬通过观测得出黄赤交角为二十三度九十分三十秒，与现代科技推算当时的黄赤交角值的误差仅为 $1'35''$。在当时世界上已是非常先进的了，欧洲要到三个多世纪以后才有可与郭守敬相比的成就。其他还有很多数据，比如测出的北极出地高度平均误差只有 0.35，新测二十八宿距度平均误差不到 $5'$，都是中国古代历法史上最精确的，或近于最佳的。

郭守敬从上都（今开平），大都（今北京）开始历经河南转抵南海跋涉数千里，亲自参加了这一路的重要测验。洛阳辖下的告成（今登封）观星台就兴建于此时，这座观星台一直保留至今，它实际就是郭守敬改进的一座圭表，高台作为表，台下 36 块巨石铺成一条长 10 余丈的圭面，当地人叫它"量天尺"，现为当地著名古迹。

（4）编制《授时历》

元世祖灭南宋以后，更加重视农业生产的恢复。农业生产要利用历法。过去，蒙古一直使用金朝颁布的历法，这种历法误差很大，连农业上常常使用的节气也算不准。元朝征服江南以后，南方用的又是另一种历法，南北历法不一样，更容易造成紊乱。元世祖决定统一制订一个新历法。他下令成立了一个编订历法的机构，名叫太史局（后来叫太史院）。负责太史局的是郭守敬的同学王恂。郭守敬因为精通天文、历法，也被朝廷从水利部门调到太史局，和王恂一起主办改历工作。

修订历法工作一开始，郭守敬就提出：研究历法先要重视观测，而观测必须依靠仪表。原来从开封运来的有一架观察天象的大型浑天仪，已经陈旧不堪，得不到可靠的数据。郭守敬设计一套新的仪器。他觉得原来的浑天仪结构复杂，使用不方便，还创制了一种结构比较简单、刻度精密的简仪。他制作的仪器，精巧和准确程度都比旧的仪器高得多。有了好的仪器，还要进行精确的实地观测。公元1279年，郭守敬在向元世祖报告的时候，提出在太史院里建造一座新的司天台，同时在全国范围进行大规模的天文测量的打算。这个大胆的计划马上得到元世祖批准。

经过王恂、郭守敬等一起研究，在全国各地设立了二十七个测点。最北的测点是铁勒（在今西伯利亚的叶尼塞河流域），最南的测点在南海（在今西沙群岛上），选派了十四个监候官员分别到各地进行观测。郭守敬也亲自带人到几个重要的观测点去观测。各地的观测点把得到的数据全部汇总到太史局。郭守敬根据大量数据，花了两年的时间，编出了一部新的历法，叫《授时历》。这种新历法，比旧历法精确得多。它算出一年有 365.2425 天，同地

球绕太阳一周的时间，只相差 26 秒。这部历法同现在通行的格里历（即公历）一年的周期相同。但是郭守敬的《授时历》比欧洲人确立公历的时间要早三百零二年。

客观地说，《授时历》的编制是一件规模较大的集体工作，既有分工合作，也有集体研究，很多人相互吸收别人的智慧和劳动，仅仅说成为郭守敬一人的功劳是不准确的。

在新历颁行后不久，王恂等骨干先后去世或退休，只有郭守敬继续工作，用几年时间整理编纂了《授时历》全部文稿，因此可以说郭守敬功劳最大，这也就是后人把《授时历》的成就都归于郭守敬的重要原因。

郭守敬根据"四海测验"的结果，并参考了一千多年的天文资料，七十多种历法，按照日月五星在太空运行的自然规律，终于在至元十七年（公元 1280 年），编制成新历法《授时历》，此后通用了 360 年。《授时历》推算出的一个回归年为 365.2425 日，即 365 天 5 时 49 分 12 秒，与地球公转的实际时间只差 26 秒钟，和现在世界上通用的《格里高利历》（阳历）的周期一样，但《格里高利历》是 1582 年（明万历十年）开始使用，比郭守敬的《授时历》晚三百多年。

《授时历》除了在天文数据上的进步之外，在计算方法方面也有很多重大的创造和革新。主要有：废除上元积年、以万分为日法、发明正确的处理三次差内插法方法等等，这些计算方法上的成就是集体的成就，其中当然也有郭守敬的功劳。

郭守敬从事天文、历法工作近 10 年。在这 10 年中，他对天文历法有较深入的研究。除《授时历》外，他还整理定稿了《推步》7 卷、《历议拟稿》3 卷，以及独自撰写的《仪象法式》2 卷、

《五星细行考》50卷、《新测无名诸星》1卷等著作，对我国的天文学作出了巨大贡献。

2．水利方面的成就

（1）修复西夏水利

从二十岁开始邢台治水，郭守敬的宦海生涯中三分之二的时间都奔波在水利工地上，元朝北部地区的水利建设和南北大运河的贯通，基本都是郭守敬的功劳。这其中，最能体现郭守敬非凡才能的工程有两项：修复西夏水利和开凿通惠河。

西夏水利是指原西夏首都兴庆府（今宁夏银川）一带黄河两岸的水利设施。这一带早在秦汉时起就开凿了许多河渠系统，引黄河水灌溉，成为西北地区重要的粮仓。但在蒙古灭西夏战争中，水利设施损坏殆尽，九万多顷良田荒芜。

郭守敬对原有的十二条正渠，六十八条大小支渠"因旧谋新，更立牌堰。役不逾时，而渠皆通利"。整修原有的渠道，使之焕然一新，原有已损毁的牌堰也修补更新。这项工程大多是因旧整修，加上当地官民大力支持，所以干了不到一个季度就"渠皆通利"。此事的成功对郭守敬来说，在于展现和锻炼了他指挥大型工程的组织协调能力，此后的历次治水，他都能指挥若定，协调通畅。

（2）开凿通惠河

元大都是元朝政治、经济、文化的中心，城市巨大，人口众多，每年消耗大量的物资。这些物资多数征自南方，通过运河和海运集中到通州，然后再依靠陆路运输进入大都。陆路运输费用高，消耗大。金朝就一直想开辟一条运河，使漕运船只直入京师。然而，京师的地势比通州高，且附近水源紧缺，有的河流泥沙含量较大容易淤塞，有的因地势落差河水易泄，先后开辟的几条河

道都没有成功。

1262 年，郭守敬面陈水利六事，向忽必烈提出的第一项建议就是解决大都漕运的问题。1265 年，郭守敬任都水少监，开始进行一些小规模的水利建设和河道开凿。

经过两次不成功的尝试后，郭守敬认真总结了经验教训。1291 年，他向忽必烈提出了修建大都至通州运河工程的建议。1292 年春，郭守敬再次被任命为都水监，全权负责京通运河的设计施工。

当年八月，京通运河工程正式开工，忽必烈下令丞相以下文武百官都亲持工具到治水工地，与民工们一起挖河建坝。此举虽然只是个象征，但却反映了忽必烈对这条运河的重视程度和郭守敬在水利方面的权威。这一宏伟治水工程，用工二百八十五万，仅用一年半时间，全长一百六十多华里的运河连同全部闸坝工程就完成了，被命名为通惠河。

通惠河的开凿，根本原因是郭守敬成功地突破了漕运引水的技术瓶颈。郭守敬在勘查中，发现大都地势高于通州，运河引水只能从大都引向通州。为此，郭守敬详细考察了大都西北地区的水系分布及地形情况，最后发现大都西北昌平神山（今凤凰山）脚下的白浮、一亩等十多处泉水，水量大，可作水源。为将白浮诸泉水顺利引进大都，郭守敬创造性地设计开凿了一条长六十四里的河渠，即白浮渠。

白浮渠和以往的河渠走向不同，先引水西去，直逼西山山麓，然后顺着平行山麓的路线斜引向东南。这样既可截拦、汇合沿途东流的泉水、河水，增加渠水的流量，又可保持河道坡度缓慢下降的趋势，使引水大致沿着 50 米等高线平稳顺利地流入大都附近

的瓮山泊（今颐和园昆明湖）。为防止山洪冲毁河堤，在沿途与山溪相交处，郭守敬设计建有十二座"清水口"工程，有效解决了引水与防洪的矛盾。白浮堰行经路线和现在京密引水渠行走路线基本吻合，这条引水路线的选取，表明郭守敬当时已掌握了高超的地形测量技术。白浮堰工程被称为世界水利史上的奇迹，从中不难看出，郭守敬的地形测量技术实在是很高超的。当代许多地理学家考察了白浮堰线路之后，对郭守敬的成就无不交口赞誉。

此外，郭守敬开建瓮山泊、积水潭两水库，白浮引水先流入瓮山泊，再下注入城，汇入积水潭。这两个湖泊实际上是两个调节水库，使运河中的水位保持相对稳定的高度，增加了通航天数，实现了航运、供水、防洪、灌溉等多方面的综合开发和利用。

为使引水平缓东流，保证漕运的水量，郭守敬在新开的大都至通州的运河上，每十里设一闸，距闸一里，增设斗门，相互提关，以过舟止水。这些闸坝解决了因地势落差大，水流容易一泄而过的难题，使运河内保持了足以行舟的水量。这一创举是郭守敬在水利史上又一奇迹。如今的巴拿马运河、长江三峡、葛洲坝等水利工程，仍然采用这种方法解决行船航运问题。

3. 数学方面的成就

（1）用小数表示天文数据的尾数。古历一般用分数表示天文数据的奇零部分，计算十分不便。唐南宫说撰神龙历，以百分之一日为"余"，万分之一日为"奇"。曹士苏符天历，以一日为万分。这些都是利用小数概念，减轻天文数据计算的尝试，但并没有被一般天文学家重视，一直到授时历才决然采用。《授时历》"所用之数，一本诸天，秒而分，分而刻，刻而日，皆以百为率"，以一日为10刻，一刻为100分，一分为100秒的百进制。授时历

去积年日法之拘，天写分换母之陋，用分秒表示天文数据的奇零部分，大大便利了天文计算。这也是授时历在我国历法史上的一大进步。

（2）《授时历》在数学方面的成就。授时历在数学方面，也取得了辉煌的成就。授时历在计算太阳和月亮逐日运行度数时，使用"招差术"，在数学史上第一次提出完备的三次内插法公式;在进行黄赤道座标换算以及求月道和赤道的交点时，创立类似球面三角法的计算方法。这些都是中国数学史上有世界意义的伟大成就，当然这并不能归功于郭守敬一人。当时太史院"凡推算测星历，诸生七十人，范以三局"，仅推算一局"其官有五官正，有保章正有副，有掌历，分集于朝室"。可见推算工作是集体进行的。参加修历工作的许衡，杨恭郭也都晓数学，这些辉煌成就，也只能是集体智慧的结晶。

4. 地理方面的成就

郭守敬曾经提出，以海平面作为基准，比较大都和汴梁（今河南省开封市）两地地势高低的差别，这是世界上首次提出海拔的概念。他还曾溯黄河而上探寻黄河的发源地。由此他成为科学考察黄河河源的先驱者。他的探查结果没有记载流传下来。传世的第一部河源考察成果专著为都实所撰《河源记》，是至元十七年（1280 年）都实奉忽必烈之命专程考察河源的纪实。先前郭守敬的考察对都实肯定有相当的影响。

郭守敬 29 岁时，奉命巡视大名、彰德等地。他办事认真踏实，尤其对所到之处的地形和水利状况进行了详实的勘察。两年以后。他在上部（今内蒙古多伦附近）当面向元世祖忽必烈提出了兴修水利的六项具体建议。忽必烈对此十分赞赏，命郭守敬为

提举诸路河渠，后来官至工部郎中，一直负责河工水利。在此期间，郭守敬治理勘测过的河、渠、泊、堰大小不下数百余所，其中对黄河中游地区的地形测量和京汴沿途的水准测量，取得了创造性的成就。

郭守敬在测绘上作出的最大贡献，是他首创的以我国沿海海平面作为水准测量的基准面。当时，郭守敬曾经从河套东头的孟门山（今陕西宜川至山西吉县一带）起，顺中条山往东，沿黄河故道测量地形，掌握了大河之北纵横数百里地区内地势起伏的变化。这是在黄河中游的一次大面积地形测量。大面积测量必须解决各局部测量数据的统一归化问题。据《元朝名臣事略》记载，郭守敬"又尝以海平面较京师至汴梁地形高下之差，谓汴梁之水去海甚远，其流峻急，而京师之水去海至近，其流且缓，其言倍而有微，此水利之学，其不可得也"。这是我国史书上第一次记载利用海平面作为基准来建立统一的高程系统，创立了"海拔"这一科学概念。这一工作，对于测量事业的发展，具有十分重大的意义，是我国大面积测量发展到一定水平所孕育出的杰出科学成果。直到今日，世界各国的区域性测量，其水准测量成果均归化到以海岸某点的平均海水面作为基准面的高程系统中去。我国现就采用青岛港验潮站历年记录的黄海平均海水面作为基准面，并在青岛设有水准原点，全国的高程均以此为基准。这一科学方法。仍将继续沿用。

公元 1291 年，郭守敬受命主持开挖大都（今北京）至通州（今通县）的运河。在地形极其复杂的情况下，他经过精确地测量计算，巧妙地引北京西北郊昌平神山诸多泉水，沿西山山麓，迂入大都。郭守敬在运河上设立了 24 座闸坝，既解决了水的落差问

题，又保证了漕运所需的水量，创造了十三世纪世界水利史上的奇迹。

今北京京密引水工程，仍然沿用郭守敬当年的引水路线。在测量中，郭守敬第一次运用了以海平面为基准点的测量方法，比德国数学家高斯提出的平均海平面概念早560年。

1265年郭守敬从西夏回京后，被任命为都水少监。他先后有十多年的时间，在河北、山东等地调查通航线路，指导水利工程，对当地交通运输，农田灌溉作出了贡献。他"尝自孟门以东，循黄河故道，纵广数百里间，皆为测量地平。或可以分杀河势，或可以灌溉田土，具有图志"。通过长期的实践，他明白了治理水利，控制河势，引水溉田，均同测量地平有密切关系。

至元十二年（1275），为配合元军南下的军事行动，郭守敬奉命踏勘黄淮平原地形，调查通航线路，相机建立水站。他"自陵州至大名，又自济州至沛县，又南至吕梁。又自东平至网城，又自东平清河，逾黄河故道，至与御河相接。又自卫州御河，至东平，又自东平西南水泊至御河，乃得济州、大名、东平、洒汉，与御河相通形势，为图奏之。"在这次细致的实地勘测过程中，他把整治河道，发展航运和兴修水利，一同考虑在内。为了获得更多、更精确的地理知识使之运用于水利治理，郭守敬进行了大量的调查和实地考察工作，逐渐由"测量地平"向新的科学高峰攀登。

在测量地平，踏勘黄淮平原的基础上，郭守敬在理论上初步有了"海拔"概念。他"尝以海面，较京师至汴梁，地形高下之差，谓汴梁之水，去海甚远，其流峻急，而京师之水，去海至近，其流且缓。"拿海平面作标准，比较地势高下之差，这是地理学和

测量学中一个重要概念——海拔的初步运用，也是地面高下测量的进一步发展。

中国自古以来，有相当进步的天文历算知识，但一般学者对于地的形状基本上是流行着"天圆地方"的概念。一般讲地理的人大多数以地为平面，因此画地图也跳不出画方的办法。唐代贾耽按不同颜色，比例作"海内华夷图"（即全国大地图），然并不知道地是球形，平面地图也不能正确地表示弧形的地面。北宋熙宁四年，沈括在测量沐河下游地势时，为了使测量结果更为精确，除了靠水平、望天、平尺等仪器外，创造了一种"分层筑堰测量法"。"沐渠堤外，皆是出土故沟，水令相通，时为一堰节其水，侯水平其上渐浅涸，测又为一堰，相齿如阶陛。乃量堰之上下水面相高下数会之，乃得地势高下之实。"这不仅是平面测量，而且是地形测量。竺可祯评述这一工作时说：

"其量地面高下之法，虽不尽善，但苟所筑之堰极为平直，当不至有大差误。欧洲古代，希腊虽曾测海岸之远近，罗马盛时亦有测量街道之举，但地形测量在括以前则未之闻。"

沈括的创造，虽则开创了世界地形测量的先导，然而终非普遍实用之方法。每测一地都"分层筑堰"，无疑不能满足劳动人民认识自然，改造自然的要求。郭守敬治理水利，十分重视地理研究，并为之付出了大量艰苦的劳动。正由于这样，他在地理学方面有很深的造诣和丰富的测量经验。他吸取前人的成果，并在实践中创新，把海平面作为侧量高程的基准。这在地理学和测量学上无疑是划时代的贡献，比沈括"分层筑堰测量法"又前进了一大步。以海为平面较传统的以地为平面更为科学，这是郭守敬对于地的形状的新的认识。

5. 其他成就

许多人不知道，郭守敬的才华不仅反映在天文、水利、地理、数学等方面，在另外一些领域中也有创造性的贡献。

郭守敬在简仪中使用了滚柱轴承，使得简仪南端的动赤道环可以灵活地在定赤道环之上运转。西方的类似装置是在二百年后才由意大利人达·芬奇发明出来的。

他所创作的大明殿灯漏是第一架与天文仪器相分离的独立计时器，在中国钟表发展史上具有重要的意义。

他在景符、仰仪等仪器中反复运用了针孔成像原理。这在中国光学史上也是比较罕见的成就。

三、政治人生

郭守敬 32 岁那年，经教师刘秉忠的朋友张文谦推荐，步入仕途。最初的十几年，他一直做管理水利的官员，1265 年，郭守敬被任命为都水少监，协助都水监掌管河渠、堤防、桥梁、闸坝等的修治工程。1271 年升任都水监。1276 年都水监并入工部，他被任为工部郎中。

公元 1276—1280 年间（元世祖至元十三年至十七年），元朝政府鉴于以往沿用的《重修大明历》误差明显，从而决定改制新历时，郭守敬被元世祖忽必烈任命为主管历法方面的官员，主持历法的修订工作。元初，由于旧历法年久失修，旧有的天文仪器已经陈旧不堪，无法准确观测天象，发生了节气差错、日月食不准等各种弊病。1276 年（至元二十年），元军攻下了南宋首都临安（今浙江杭州），全国统一已成定局。就在这一年，元世祖迁都大都，并且采纳已死大臣刘秉忠的建议，决定改订旧历，颁行元朝自己的历法。于是，元政府下令在新的京城里组织历局，调动了全国各地的天文学者，另修新历。

这件工作名义上以张文谦为首脑，但实际负责历局事务和具体编算工作的是精通天文、数学的王恂。当时，王恂就想到了老

同学郭守敬。虽然郭守敬担任的官职一直是在水利部门，但他的长于制器和通晓天文，是王恂很早就知道的。因此，郭守敬就由王恂的推荐，参加修历，奉命制造仪器，进行实际观测。虽然修订历法，由许衡、张文谦、王恂和郭守敬等主持，但实际负责的却是郭守敬。他认为："历之本，在于测验；而测验之器，莫先仪表。"于是就把研制天文仪器作为主要问题来进行。在修历过程中，郭守敬一共创制了简仪、高表、候极仪、浑天仪、玲珑仪、仰仪、立运仪、证理仪、景符、窥几、日月食仪、星晷、定时仪等十三件精巧的天文仪器，这些仪器主要用于观测天体、日月、星辰和日食等。《元史》称他研制的这些天文仪器"皆臻于精妙、卓见绝识，盖有古人未及者。"这些仪器具有精致、灵巧、简便、准确的特点，不仅元代以前我国历史上没有，而且达到了当时世界的先进水平。

经过王恂、郭守敬等人的集体努力，到1280年（元世祖至元十七年）春天，一部新的历法宣告完成。按照"敬授民时"的古语，取名"授时历"。同年冬天，正式颁发了根据《授时历》推算出来的下一年的日历。很不幸，《授时历》颁行不久，王恂就病逝了。那时候，有关这部新历的许多算草、数表等都还是一堆草稿，不曾整理。几个主要的参加编历工作的人，退休的退休，死的死了，于是最后的整理定稿工作全部落到郭守敬的肩上。他又花了两年多的时间，把数据、算表等整理清楚，写出定稿。其中的一部分就是《元史·历志》中的《授时历经》。在《授时历》里，有许多革新创造的成绩。第一，废除了过去许多不合理、不必要的计算方法，例如避免用很复杂的分数来表示一个天文数据的尾数部分，改用十进小数等。第二，创立了几种新的算法，例如三

差内插内式及合于球面三角法的计算公式等。第三，总结了前人的成果，使用了一些较进步的数据，例如采用南宋杨忠辅所定的回归年，以一年为 365.2425 日，与现行公历的平均一年时间长度完全一致。《授时历》是 1281 年颁行的；现行公历却是到 1576 年才由意大利人利里奥提出来。《授时历》确是我国古代一部很进步的历法。郭守敬把这部历法最后写成定稿，流传到后世，把许多先进的科学成就传授给后人，这件工作，就称得起是郭守敬的一个大功。

王恂去世不久，郭守敬升为太史令。在以后的几年间，他又继续进行天文观测，并且陆续地把自己制造天文仪器、观测天象的经验和结果等极宝贵的知识编写成书。他写的天文学著作共有百余卷之多。

1291 年，六十二岁的郭守敬担负起开挖京杭大运河的总工程负责人。他重新规划改造京杭大运河线路，疏浚淤塞河道，并根据北京地势特点，引北京西部白浮泉水，贯通了京城到通州的全长一百六十多华里的运河，至此，江南的大批物资可一路北上，直抵京城。忽必烈高兴地将这条运河命名为"通惠河"。今天，安放在北京什刹海旁的郭守敬铜像，就是为纪念开凿通惠河、贯通大运河 712 周年而特别制作的。

1294 年，他升知太史院事。但是关于水利方面的工作，当时政府仍经常要征询他的意见。

1303 年，元成宗下诏，说凡是年满 70 岁的官员都可以退休，独有郭守敬，因为朝廷还有许多工作都要依靠他，不准他退休。

四、科学研究的局限

尽管郭守敬的科学研究令人瞩目，但当我们把中国的科学成就置之于世界文明的背景之下，还是不得不承认，当时的科学研究还有很多局限。

首先，郭守敬的科学研究的出发点，是非常实用主义的，其目的是为了解决一些现实生活中所急需解决的一些问题，而不是来自于对客观世界的热爱与探索。比如郭守敬等人制造天文仪器观测天文，并不是为了探索未知的世界，而是为了修编《授时历》。晚年他制造了众多的仪器，比如柜风漏、屏风香漏等，仅仅是为了为了供皇族祭祀和出巡等用的，成为了一种奢侈品。而他治水，目的性则更为明确。

其次，郭守敬的科学研究只有"家学"，而没有一套公共的科学体系。郭守敬他之所以成为科学家，除了天赋异禀之外，很大程度上源自于祖父的影响和教导。郭守敬一生从事科学研究达60多年之久，但到后来，元朝在这方面还是人才匮乏，以致于出现了不准他退休的规定。这反映了当时的人才培养状况。

郭守敬在十几岁的时候，就修复了古代的一些计时仪器和天文仪器等，这一个方面说明他有本事，但另一方面又说明，中国古代科学是没有传承性的，一项科技成果，往往说没就没了，后人要想了解，只有重新开始研究制作。郭守敬一生制造了大量的天文仪器，从他十几岁时恢复制作了"莲花漏"这样以往的计时仪器，到后来他所制作的计时仪器，还是与之没有根本性的变化和进步。

郭守敬的科学研究包括他在水利、天文及数学方面的成就没有形成系统化和理论化，没有作深入的探讨，没有说明其中的科学道理，也只是停留在表面上。他所制造的天文仪器并没有分析其中的光学原理。缺乏对其本质的分析，不能揭示其中的因果关系和规律，没有成为科学的理论体系。

任何科学研究都是在特定的历史时代中完成的，在当时的社会、经济环境下，能够取得如此的科学成就，已经相当的不容易了，郭守敬的科学研究在14世纪整个世界科技发展史上都是先进的，这就是郭守敬在科技及文化史中的地位。

五、郭守敬与旅游遗产

众所周知，郭守敬是我国元代杰出的科学技术专家。他具有多种学识和才能，在地形测量、机械构造、仪器制作、农田水利建设、河道工程修建，以及算学与天文历法等方面，都取得了辉煌成就，他是中国科技史上的一位巨人。他的科学成就举世瞩目，他给后人留下了宝贵的物质及精神遗产，让后人浏览和观赏的同时，给人以精神启迪。

1. 郭守敬纪念馆

郭守敬纪念馆，在西海北沿汇通祠内，为社科类专题人物纪念馆，1988 年 10 月建成开馆。汇通祠始建于元代，最初名镇水观音庵，郭守敬曾长期在此主持全国水系的水利建设设计，乾隆年间重修，改名汇通祠。1986 年复建。建筑造型得体，格调素雅，步入园中，小径蜿蜒，假山叠石，错落有致，登高放眼，可见清水悠悠，小桥卧波，林荫掩映。

纪念馆分三个展厅，游人展示了我国元代天文学家和水利学家郭守敬的生平功绩。郭守敬曾制定《授时历》，精确推断以 365.3425 天为一年，并主持制造过简仪、仰仪、高表等十多种天

文仪器。这些成果都比欧洲早 300 年。他最大的成就是在水利方面，从"郭守敬与大都水利"展览中可窥见一斑。他一生中大部分时间从事水利建设，足迹遍及半个中国，完成大小百余处河渠泊堰的治理，对大都水利的建设贡献最为突出，曾主持开发当时为大都水源的白浮堰，开通惠河，促进了元大都的经济发展。馆内还展出有元代水关模型、元代粮船的铁锚和有关的书籍。此外还介绍了郭守敬在河北等地的治水功绩。

　　游人至此，既可漫步于曲折小径之上，尽享园林美景，又可睹物思人，追念这位古代伟大的科学家。

古观星台

　　观星台，是我国现存最古老的天文台，是世界上著名的天文科学建筑物。观星台位于登封城东南十二公里的告城镇周公庙内，

距周公测景台二十米。

观星台由台身与石圭、表槽组成。台身上小下大，形似覆斗。台面呈方形，用水磨砖砌造。台高 9.46 米，连台顶小屋通高 12.62 米。台下边宽 16 米多，上边约为下边之半。在台身北面，设有两个对称的出入口，筑有砖石踏道和梯栏，盘旋簇拥台体，使整个建筑布局显得庄严巍峨。台顶各边有明显收缩，并砌有矮墙（女儿墙），台顶两端小屋中间，由台底到台顶，有凹槽的"高表"。在凹槽正北是三十六块青石平铺的石圭（俗称量天尺）。石圭通长 31.19 米。观星台的建立反映了当时我国天文科学的巨大成就。

2. 郭守敬故里

郭守敬的故里位于邢台郭村。走进郭村的村口，首先看到右面是郭守敬故里纪念碑亭，2001 年，为纪念郭守敬诞辰 770 周年，邢台县政府决定在郭村兴建郭守敬故里纪念碑亭，碑身背面介绍了郭守敬的生平。北面还有一座雕塑"神童问天"。

郭守敬故里纪念碑亭

神童问天

美丽的鸳水河

　　走过一条小河（鸳水河南支），路西是郭守敬知识文化长廊，长廊长 77.6 米，宽 3.5 米，高 2.8 米。主要采用水泥、青瓦筑建，旨在介绍郭守敬毕生卓越成就。其内容共分四大部分：成长篇、治水篇、天文篇和纪念篇。共计四个小板块。

　　第一个板块：才华初展试

郭守敬自幼勤奋好学，先受教祖父，后拜刘秉忠为师，与张文谦、张易、王恂等人同学于邢西紫金山，被世人称为"紫金山五杰"；十五六岁时，他仿照古图制作莲花漏和浑天仪，向世人初步展试才华。

这里分五个小部分

（1）观天问水：幼年郭守敬与爷爷郭荣来到户外，脚踏大地，仰望天空，放眼山河，听爷爷讲述天文、水利故事。

（2）郭守敬求学：郭守敬求学紫金山拜元朝开国元勋刘秉忠为师，与张文谦、张易、王恂等人被世人称为"紫金山五杰"；

（3）自制"观天仪"：少年郭守敬在祖父指导下自己动手制作了观天仪——"竹浑仪"。

（4）研制"莲花漏"：郭守敬从小就对钟表感兴趣，被时人称为少年"钟表匠"。

（5）邢州治水：郭守敬从祖父和刘秉忠等人那里学到了许多天文、水利知识，故乡邢州治水给了他崭露头角、大显身手的机会。

第二个板块：治水树丰碑

郭守敬一生，大部分时间从事水利工作，先后提出了水利工程建设二十余项，青少年时期，治理家乡水患，修复桥梁，担任水利官职后，主持了西夏治水，大都治水，京杭运河等一系列重大水利工程建设。

这里分十一个小部分

（1）治水"出师表"：郭守敬向忽必烈面陈治水大事，极其类似诸葛亮三分天下的"出师表"，此后郭守敬正式步入仕途。

（2）黄河探源：郭守敬在西夏治水期间，曾"挽舟溯流"探寻黄河源头，这是历史上首次以科学考察为目的的专程探寻黄河之源的伟大壮举。

（3）再造"塞北江南"：郭守敬利用其所学水利知识，再造了"塞北江南"，使"西夏"变成了"宁夏"。

（4）妙织北京水网：郭守敬用其丰富水利知识，编织了北京水网，至今仍在发挥作用，水利专家称赞说：没有郭守敬的大都治水，就没有今天的北京。

（5）开挖通惠河：郭守敬主持开挖的通惠河调节水库瓮山泊，即今颐和园昆明湖。

（6）高碑店闸改造：几百年来，历尽沧桑，至今还有广源闸，高碑店闸，庆丰闸等基本保持完好。可想而知当年的郭守敬在治水过程中创造了一个又一个人间奇迹。

（7）规划运河：郭守敬精心规划构造京杭大运河线路，疏浚淤塞河道，使运河实现全线贯通，成为中国开通京杭大运河的第一人。

（8）中国的海拔：郭守敬在大地测量中，以大都（今北京）东面海平面为基准面，比较大都与汴梁（今开封）的高程差，在世界测量史上首次比德国数学家高斯提出的平均海平面概念早560多年。

（9）水上驿站：郭守敬主持在新开运河上建立了水站，为过往船只提供了诸多便利，加强了元朝南梁北运和南北方政治、经济、文化的交流。

（10）节水行舟：郭守敬在大都治水中，以闸坝调节河水流量，实行节水行舟，成功解决了高落差下船只顺利航向难题，这是中国乃至世界树立史上的奇迹，现今葛洲坝、三峡等水利工程仍使用这一节水行舟原来。

（11）郭太史"神人"也：元成宗为了躲避大水被迫迁移，他坐在马鞍上说"郭太史神人也，惜其言不用耳"。

第三个板块：天文建奇功

郭守敬主持历法修定工作，提出科学的制历思想，创造了多种领先世界水平的天文仪器，进行了规模空前的四海测验，编制出中国古代最优秀的历法——《授时历》。

这里分十九个小部分

（1）奉诏改制：1276 年在元朝工部任郎中的郭守敬主持制定新历法工作。

（2）焚毁阴阳伪书：郭守敬力反浮说，重视观测，不仅表明了郭守敬科学制历的决心，同时促进天文学步入了科学发展的轨道。

（3）世界上最早的赤道仪：简仪，是郭守敬创制仪器的代表作，该仪器是世界上最早制成的大赤道仪，比丹麦天文学家第谷制造的同类仪器早 319 年。

（4）一把尺子量日月：郭守敬创制了高表和景符，对日月的测量更加准确，更加精确。就日圭测影而论，在 13 世纪中，当以郭守敬制造的四长表测定的结果为最精确。

（5）无影测量：郭守敬创制的窥几，配合高表使用，测量月亮，星星的影长，首次实现了无影测量。

（6）同心圆定方向：正方案，是郭守敬创制的利用同心圆测定方向的仪器，比指南针还有精确，这是当时世界上最精确是定向仪器。

（7）低头看日食：仰仪，是郭守敬创制的用于观测日食的天文仪器。它把"针孔成像"的原理应用到天文仪器中，首次实现了低头看日食。

(8) 象仪的鼻祖：玲珑仪，是郭守敬创制的用于观测太阳、月亮、星星的位置，演示天体运行的天文仪器。它集演示和观测为一体，是当今象仪的鼻祖。

(9) 四海测验：1279 年，郭守敬在全国设置了 27 个观测站，进行了规模空前的天文观测活动——四海测验。这也是我国古代最大规模的纬度测量，比西方 1899 年专门成立纬度局，进行地理纬度测量早 620 年。

(10) 七百年前的"公历"：郭守敬等人主持编制的《授时历》，是我国古代最优秀，行用时间最长的一部历法，也是当时世界上最好的一部历法。

(11) 郭守敬星图：郭守敬对周天列宿诸星进行了详细测定，新发现恒星一千余颗，被后人誉为"测星之王"。

(12) 勾股算术测天球：郭守敬在授时历法中，推导出了三角学和球面三角学所能解决的问题，这和西洋人的球面三角法不谋而合。

(13) 数学奇才：郭守敬把一天分为 100 刻，一刻分为 100 分，一分又细分为 100 秒，受到了后世历算家的一致称赞，是算学史上的伟大改革。

(14) 滚动轴承的创始人：郭守敬在简仪的赤道环和百刻环之间，设置了四粒短铜棒。变滑动摩擦为滚动摩擦，最早发明和运用了滚柱轴承，比西方文艺复兴时期达。芬奇发明的滚筒轴承早了 200 年。

(15) 世界上最早的"自鸣钟"：大明殿灯漏，又叫七宝灯漏，是郭守敬创制的世界上第一台大型机械自鸣钟，比西洋钟早了400多年。

（16）世界一流的"天文台"：太史院，是郭守敬等人主持创建的，它规模宏大，人才集中，设备精良，成就突出，是当时世界上一流的天文台。

（17）观星台：郭守敬主持建造的河南登封观星台，是建筑式高表，是中国乃至世界现存最古老的天文台遗址之一。

（18）著书立说：为把毕生的科技成果汇编成册，郭守敬晚年撰写天文著作共十四种，一百零五卷。

（19）春蚕到死丝方尽：郭守敬年过古稀，依然工作在自己的岗位上，呕心沥血，耕耘不缀，为人类科学事业的发展继续发挥余热。

第四个板块：伟夜照千秋

郭守敬的科学思想和科学成就，得到了后人的高度赞誉和评价，人们采用多种形式研究他、宣传他和纪念他，郭守敬的英名与江河长在，与日月同辉。

这里分五个小部分

（1）月上一座山：1970年国际天文学组织将月球背面一座环线山命名为郭守敬山。

（2）天山一颗星：1977年国际天文学组织将太空中2012号小行星命名为郭守敬星。

（3）郭守敬邮票：1964年，中国邮电部发行两枚郭守敬纪念邮票。2004年9月6日，国家邮政局发行《古代科学家郭守敬塑像》邮资信封一枚。

（4）为了纪念先贤，激励后昆。1984年邢台市政府决定，为郭守敬建造纪念馆。

（5）郭守敬故里纪念碑亭：2001年，为纪念郭守敬诞辰770周年，邢台县政府决定在郭村兴建郭守敬故里纪念碑亭。

长廊

分水台

从长廊继续北行，路西有个平台，名为"分水台"，相传郭守敬少年家乡治水在此设"分水台"，后人为了纪念他，在此修建龙

神庙。明嘉靖、万历年再建盖园，顺治二年又修。2007年5月由郭村集资重修。

　　继续北行看到两棵大槐树，非常茂密，遮天蔽日，是纳凉的好地方，其中一棵树从根分出两个叉，据传，此树是郭守敬祖父郭荣亲手所栽，距今已八百年历史。

　　从大槐树处东行，路南有口古井，现已废弃，是乾隆三十七年，由郭村村民李廷智自己挖建。

废弃的古井

　　再向东走，路南出现一条小河，叫做鸳水河北支，河上有座石桥，名为"得意桥"，是咸丰六年，由郭村人吴得兴、吴得利哥俩所建。

得意桥

走过小桥，路边有明清代的古磨盘、古碾盘，还有饮马槽等。

走到路的东头，南面是有座小石桥，为元代古桥，又名"郭家桥"。相传此桥为郭守敬祖父郭荣所建，康熙三十六年重建栏板，光绪九年重修之今。

郭守敬故居

桥的对面就是郭守敬的故居，1231年，郭守敬出生在此，郭守敬出生时正遇蒙、金两国频繁交战，邢州一带黎民百姓过着饥寒交迫的生活，故其不满三岁，父母相继去世，只好跟祖父母相依为命。郭守敬祖父郭荣，号鸳水瓮，精通五经，熟知天文，算术，尤对水利技术有研究，与他自幼勤奋好学，经常跟祖父观星查月是分不开的。故居现居住为郭守敬三十六代传人。

3. 我国现存最早的天文台建筑——元·观星台

星汉灿烂，日升月落，在漫长的岁月里，先民们为了生存，在改造自然的同时，也观察与探索着神秘的太空。河南地处"天心地胆"，是中国古代天文学最早的发祥地。

郭守敬在其辉煌的一生中，先后设计、创制、监制过多种天文、水工仪器仪表，它们在天文观测和水利建设方面起过重大作用，其中登封观星台是我国现存最早的天文台建筑，也是世界最重要的天文学古迹之一，是郭守敬科学发明的惟一实物遗存。郭守敬在登封建立的观星台，堪称中国古代天文学中的里程碑。

公元 1279 年，郭守敬向元世祖忽必烈建议说："唐开元年间，令南宫说天下测影，书中见者有 13 处，今疆域比唐代大，若不远方测验，日月交食分数，时刻不同，昼夜长短不同，日月星辰去天高下不同，即日测验人少可先南北立表取直测影．"元世祖接受了郭守敬的建议，派监候官 14 人分道而出，在 27 个地方设置观星台，进行天文观测，登封观星台就是当时 27 处观测站之一，也是目前唯一保留下来的天文观测建筑。

元观星台位于河南登封城东南 24 华里的告成镇，俗称告成观星台，郭守敬在此建造了观星台并编定了历法《授时历》。由于观星台设计精巧，建筑精良，至今矗立在中华大地上，使其成为了世界天文学史上的奇迹。

观星台是一座高大雄伟的砖石结构建筑，基本结构分两部分，一是两侧有回旋踏道簇拥着的复斗形高台；一是由台身北壁凹槽内向北平铺于地的石圭。台高 8.9 米，连台顶小室通高 11.96 米，台顶平面呈方形，每边 8.05 米，台底每边 16.85 米。台北壁正中有个凹槽，槽的东西两壁相对称，自下而上有明显的收分。槽两壁上下垂直，这个凹槽是郭守敬高表的异型。直壁上方相对两小室的窗口的下沿是搁横梁的地方。

石圭由 36 方圭石砌成，总长 31.39 米，宽 0.53 米，高 0.56 米，又名量天尺。圭面上刻有双沟水槽，以验验圭面的平准。圭面上应该有尺度，原圭因日久风化，尺度消蚀不显。石圭准确地按当地子午线方向安置，每当太阳升到正南方时，横梁便在圭面上投射出一条影子。如果把郭守敬发明的天文仪器——景符放在圭面上，则可得一米粒大小的太阳像，内中有一细而清晰的黑线，即是横梁的像。经北京天文台工作者进行观测结果证明：经过从元朝至今将近 700 年的这一石圭方位，与今天测量的当代子午线方向是相符的。又经有关测量部门测定，石圭水平程度也是较好的。

郭守敬主持建造的观星台较前代有三方面的改进：首先把古代的八尺高表加高了五倍，观星台的袁高 40 尺，故称"高表"，投影在石圭上的日影也随之增加了五倍，这样据表影推算出来的节气时刻误差就大大缩小了。第二，在表顶端安上一个横梁，日光通过横梁的投影，可以反映日面中心的高度，而过去整个表的投影反映的是日面上边缘上的高度。第三，在石圭上面附加一个景符，景符用铜片制成，中间有一个小孔，斜放在圭面上可以移动，日光照射横梁的阴影通过小孔投在圭面上，阴影的边缘显得更加清楚，可以比较精确地测量影长。这些改进使测量结果更加精确，是我国天文学史上很大的进步。

具有测影、观星、计时功能和重要科学价值的观星台，是我国科学宝库中的珍贵遗产，也是郭守敬在科学史上创造奇迹的丰碑。在郭守敬的故乡——河北省邢台市，为纪念这位伟大的科学家，为其建造了铜像，按原台形制、大小修建了观星台，以作纪念和科普活动之用。

4.　天才的杰作——京杭大运河的建造

京杭大运河全长 1794 千米，是世界上最长的一条人工运河，长度是苏伊士运河（190 千米）的 9 倍，巴拿马运河的 33 倍，纵贯南北，是中国重要的一条南北水上干线，与长城并称为中国古代的两项伟大工程，开凿到现在已有 2500 多年的历史。目前，京杭运河的通航里程为 1442 千米，其中北起北京，南至杭州，经过北京、天津、河北、山东、江苏和浙江六省市，沟通了海河、黄河、淮河、长江、钱塘江五大水系。全年通航里程为 877 千米，主要分布在黄河以南的山东、江苏和浙江三省。

（1）历史沿革

京杭大运河从公元前 486 年始凿，至公元 1293 年全线通航，前后共持续了 1779 年。在漫长的岁月里，主要经历三次较大的兴修过程。

京杭大运河的开凿与演变大致分为 3 期：

第 1 期运河：

运河的萌芽时期。春秋吴王夫差十年（公元前 486）开凿邗沟{从江都（今扬州市）邗口至山阳（今淮安市）淮安末口}，以通江淮。至战国时代又先后开凿了大沟（从今河南省原阳县北引黄河

南下，注入今郑州市以东的圃田泽）和鸿沟，从而把江、淮、河、济四水沟通起来。

第2期运河：

主要指隋代的运河系统。以东都洛阳为中心，于大业元年（605）开凿通济渠，直接沟通黄河与淮河的交通。并改造邗沟和江南运河。三年又开凿永济渠，北通涿郡。连同公元584年开凿的广通渠，形成多枝形运河系统。

到隋炀帝时，为了加强中央集权和南粮北运，控制南方经济中心会稽（绍兴），开凿京淮段至长江以南的运河，全长2400千米。

到元朝时，元定都大都（今北京），必须开凿运河把粮食从南方运到北方。为此先后开凿了三段河道，把原来以洛阳为中心的隋代横向运河，修筑成以大都为中心，南下直达杭州的纵向大运河。京杭大运河按地理位置分为七段：北京到通州区称通惠河，自昌平县白浮村神山泉经瓮山泊（今昆明湖）至积水潭、中南海，自文明门（今崇文门）外向东，在今天的朝阳区杨闸村向东南折，至通州高丽庄（今张家湾村）入潞河（今北运河故道），长82公里；通州区到天津称北运河，长186公里；天津到临清称南运河，长400公里；临清到台儿庄称鲁运河，长约500公里；台儿庄到淮安称中运河，长186公里；淮安到瓜洲称里运河，长约180公里；镇江到杭州称江南运河，长约330公里。扬州、淮安是里运河的名邑，隋炀帝时在城内开凿运河，从此扬州、淮安便成为南北交通枢纽之一，藉漕运之利，发展迅速。

隋朝时分为四段：（1）永济渠。（2）通济渠。（3）邗沟。（4）江南河。

第 3 期运河：

主要指的是元、明、清阶段。元代开凿的重点段一是山东境内泗水至卫河段，一是大都至通州段。至元（元世祖忽必烈年号）十八年（公元1281年）开济州河，从任城（济宁市）至须城（东平县）安山，长75公里；至元二十六年（1289）开会通河，从安山西南开渠。由寿张西北至临清，长125公里；至元二十九年（1292）开通惠河，引京西昌平诸水入大都城，东出至通州入白河，长25公里。至元三十年（1293）元代大运河全线通航，漕船可由杭州直达大都，成为今京杭运河的前身。

元朝时全程可分为七段：（1）通惠河；（2）北运河；（3）南运河。（4）鲁运河；（5）中运河；（6）里运河；（7）江南运河。明、清两代维持元运河的基础，明时重新疏浚元末已淤废的山东境内河段，从明中叶到清前期，在山东微山湖的夏镇（今微山县）至清江浦（今淮安）间，进行了黄运分离的开泇口运河、通济新河、中河等运河工程，并在江淮之间开挖月河，进行了湖漕分离的工程。

京杭大运河作为南北的交通大动脉，历史上曾起过巨大作用。运河的通航，促进了沿岸城市的迅速发展。

（2）现状特征

目前，京杭运河的通航里程为1442千米，其中全年通航里程为877千米，主要分布在山东济宁市以南、江苏和浙江三省。

杭州大运河同上京杭大运河北起北京，南到杭州，流经北京、河北、天津、山东、江苏和浙江六省市，全长1794公里，比苏伊士运河长十倍，比巴拿马运河长二十倍，是世界上最长的一条人工开凿的运河。终点，入钱塘江，连接浙东。

京杭大运河流经北京市通州区，天津市武清区，河北省廊坊市、沧州市、衡水市、邢台市，山东省德州市、泰安市、临清市、聊城市、济宁市、枣庄市，江苏省徐州市、宿迁市、淮安市、扬州市、镇江市、常州市、无锡市、苏州市，浙江省嘉兴市、湖州市、杭州市20个市区。

京杭运河的流向、水源和排蓄条件在各段均不相同，非常复杂，流向总体概括为四个节点、两种流向：

节点1天津（海河）以北的通惠河、北运河向南流；节点1与节点2东平湖之间的南运河、鲁北运河向北流；节点2与节点3长江（清江）之间的鲁南运河、中运河、里运河向南流；节点3与节点4长江以南的丹阳之间河段向北流；丹阳以南河段（江南运河）向南流。

所属河流

通惠河

历史性通航河道。由于清末实行"停漕改折"政策和20世纪以来铁路、公路交通发展，货物转为陆运，加之水源不足，航道失修，至50年代初期，仅有少量船只作间歇性通航。目前该河主要用作北京市排水河道，已不能通航。

北运河

长约180公里，集水面积5.11万平方公里，由天津注入海河。除屈家店至天津段15公里可供小船作季节性通航外，其余河道均不能通航。

南运河

又名御河，长414公里。四女寺至临清段称卫运河，长94公里。天津至四女寺段航道窄狭弯曲，底宽15～30米，水深约1

米，建有杨柳青、独流、北陈屯、安陵 4 座船闸，可通航 100 吨级船舶。由于上游水库拦蓄，两岸农田灌溉，加之年久失修，现已处于断航状态。卫运河底宽 30 米，水深约 10 米，建有四女寺、祝官屯船闸，可通航 100 吨级船舶。由于上游岳城水库蓄水，截走水源，尤当卫运河扩大治理后，航道情况骤然恶化。

鲁北运河

也称位山、临清运河，原河段已淤塞。1958 年另选新线，长 104 公里，但未开挖。1960 ~ 1968 年，根据引黄输水要求，开挖了周店至尚店 76 公里渠道，两头河段尚未开挖。

鲁南运河

国那里至梁山段称微山湖湖西航道，长 20 公里，1968 年虽经疏浚整治，但河道严重淤积，水深不足，尚不能通航。梁山至南旺段长 33.8 公里，枯水期航道水深 0.5 米，每年可通航 6 个月，为季节性航道。南旺至济宁段长 27.1 公里，底宽 15 米，枯水期水深 0.5 米，每年仅通航 6 个月，为季节性航道。济宁至二级坝段长 78.1 公里，航道顺直，枯水期水深 1 米以上，底宽 50 米，可通航 100 吨级船舶。

微山湖湖中运河

微山湖内航道是京航大运河的主要交通线，历史上即分为湖东、湖中、湖西三条。

航线贯穿南北，被称为"黄金水道"。20 世纪 90 年代末，京杭运河济宁至韩庄段续建工程完成后，确定了新的主航道。

明清时期的老运河航线，自济宁南门闸经顺河门至小闸口入湖，在湖中经南阳镇、五里闸、七里闸、赵庄、建闸、马闸、店子、石口、马口出湖，沿湖东再经张口、王口、常口、夏镇、郗

山、朱姬闸等地至韩庄，全长 119 公里。该航线 20 世纪 50 年代末期，多数仍通航，部分区段废弃。

50 年代的航线，即从济宁至小口门入南阳湖走湖中至四里弯进入老运河，经建闸、马闸、店子、桥头闸、石口、马口至王口入湖中卫河，经大捐、微山岛东侧至韩庄或朱姬闸出湖。

湖西航线，1958 年 3 月动工修筑湖西大堤，结合开挖湖西航道，全长 131 公里，湖西航道底宽 45 米，边坡 1：3，河底高程 29.8 米。1960 年工程竣工。这时船舶可自济宁经石佛转向龙公河口，经洸水河口、洙赵新河、新万福河口、摆渡口、南田、刘香庄、杨官屯河口、微山船闸、沿河头至五段向东穿过微山湖，经韩庄进入伊家河，过台儿庄进入苏北运河。另一航线为，出微山船闸沿湖西航道南行，过蔺家坝船闸入不牢河航道。

京杭运河三级航道，1995 ~ 2000 年，京杭运河济宁至台儿庄段续建工程，按三级航道标准，在南四湖中重新开挖自梁济运河，沿湖西经孙杨田、东北村之间向东折向南阳湖中部，过南阳镇东，经石口、满口至微山船闸，出闸进入东股引河至新建韩庄船闸进入韩庄运河，过台儿庄与苏北运河相接，长 120 公里。

2005 年，微山湖有三级主航道 130 公里，五级航道 80 公里，支流航道（六—七级）700 余公里，可通航里程达 1100 公里。已形成纵横交错的水运网络，运力总量 180 万吨，年均货运量 700 余万吨；货物周转量 40 亿吨公里，年通航能力达到 2600 万吨以上。

韩庄运河（泇运河）

京杭运河从微山湖湖口韩庄镇经台儿庄至江苏邳州的一段运河，经过多次疏浚整治，全年可通航 1000 吨船舶，设有韩庄船

闸、万年闸船闸、台儿庄船闸三处船闸，已达到二级航道。

中运河

二级坝至大王庙段原来是走韩庄、台儿庄一线。1958 年在江苏省境内新辟南四湖湖西航道及不牢河河段，使河道经徐州市北郊通过，至大王庙与中运河汇合。大王庙至淮阴段仍循原来河道南下，长 163 公里。徐州以下河段，经近年分段拓宽，航道一般底宽 45 ~ 60 米，水深 3 米以上，已可通航 500 ~ 700 吨级以上拖带船队。是为徐州煤炭南运主要线路。

里运河

全长 169 公里，其入江口原在瓜洲，1958 年改至六圩入江。近年屡经整治，航道底宽一般达 70 米，水深 3 米以上，可通航 1000 吨级拖带船队。年运货量 1500 万吨左右。

江南运河

自长江南岸谏壁口经丹阳、常州、无锡、苏州、平望至杭州。其中，平望至杭州有 3 条航线，即东、中、西线，如以东线计算，全长 323.8 公里，大部分底宽 20 米，水深 2 米，一般可通航 40 ~ 100 吨级船舶，年货运量达 1600 余万吨。

郗山运河

郗山运河是从济宁至湖东韩庄的一段运河中的一段临村穿过的运河程，北从黄埔庄，南至微湖码头，全长 9 公里。沿途有郗公墓、古木兰寺、郗山殷林、郗山减水闸、郗山汉墓群、陈毅刘少奇过微山湖渡口等。

运河的最南端

京杭大运河最南端位于杭州拱宸桥（即北三里桥），并在桥边立碑，该桥是一座三孔的拱桥，初建于明崇祯四年（1631 年），至

今已有三百多年的历史。现存桥为清康熙时重建，全长 138 米，宽 6.6 米。石砌桥墩逐层收分，桥面两侧作石质霸王靠，气势雄伟，下面各有两个防撞墩，防止运输船只撞到桥墩。该桥位于杭州市的上塘路，它坐落在杭州市拱墅区桥弄街，横跨于古运河之上，是杭州古运河终点的标志。

通州古诗云：一支塔影认通州。燃灯塔矗立在大运河的北端，是京门通州的标志性建筑。天津北运河和南运河在天津会师，又在这里被海河一齐送入渤海。据记载，漕运发达时期，从天津到通州的北运河上每年要承载 2 万艘运粮的漕船，官兵 12 万人次，连同商船共 3 万艘。水道的开通使小小的直沽寨很快发展成了远近闻名的"天津卫"。镇江、扬州长江和京杭大运河的交汇处。聊城湖、河水面积占城区的三分之一，被称为"中国北方威尼斯"，在北方城市里非常少见，这其中就有京杭大运河的功劳。目前京杭大运河苏杭段有客运航线往返。淮安大运河的入淮口，运河东岸古镇码头下便是《西游记》的作者吴承恩的故居。

（3）沿线地理

京杭运河自北而南流经京、津 2 市和冀、鲁、苏、浙 4 省，贯通中国五大水系——海河、黄河、淮河、长江、钱塘江和一系列湖泊；从华北平原直达长江三角洲，地形平坦，河湖交织，沃野千里，自古是中国主要粮、棉、油、蚕桑、麻产区。人口稠密，农业集约化程度高，生产潜力大。迫至近代，京津、津浦、沪宁和沪杭铁路及公路网相继修建，与运河息息相通；沿线各地工业先后兴起，城镇密集，是中国精华荟萃之地。

（4）地位与作用

京杭大运河对中国南北地区之间的经济、文化发展与交流，

特别是对沿线地区工农业经济的发展起了巨大作用。京杭大运河也是最古老的运河之一。它和万里长城、并称为中国古代两大工程，闻名于全世界。京杭大运河是中国古代劳动人民创造的一项伟大工程，是祖先留给我们的珍贵物质和精神财富，是活着的、流动的重要人类遗产。大运河肇始于春秋时期，形成于隋代，发展于唐宋，最终在元代成为沟通海河、黄河、淮河、长江、钱塘江五大水系、纵贯南北的水上交通要道。在两千多年的历史进程中，大运河为中国经济发展、国家统一、社会进步和文化繁荣作出了重要贡献，至今仍在发挥着巨大作用。京杭大运河显示了中国古代水利航运工程技术领先于世界的卓越成就，留下了丰富的历史文化遗存，孕育了一座座璀璨明珠般的名城古镇，积淀了深厚悠久的文化底蕴，凝聚了中国政治、经济、文化、社会诸多领域的庞大信息。大运河与长城同是中华民族文化地位身份的象征。

（5）开通的意义

加强南北交通和交流，巩固中央政府对全国的统治；加强对江南地区的经济建设；文化交融，中原文化南方文化相融合；方便南粮北运。

京杭大运河是中国古代劳动人民创造的一项伟大工程，是祖先留给我们的珍贵物质和精神财富，是活着的、流动的重要人类遗产。大运河肇始于春秋时期，形成于隋代，发展于唐宋，京杭大运河建于两千多年前的春秋时期，距今已有 2500 年的历史，而秦始皇（嬴政）在嘉兴境内开凿的一条重要河道，也奠定了以后的江南运河走向。据《越绝书》记载，秦始皇从嘉兴"治陵水道，到钱塘越地，通浙江"。大约 2500 年前，吴王夫差挖邗沟，开通了连接长江和淮河的运河，并修筑了邗城，运河及运河文化由此

衍生。

我们今天所说的大运河开掘于春秋时期，完成于隋朝，繁荣于唐宋，取直于元代，疏通于明清（从公元前486年始凿，至公元1293年全线通航），前后共持续了1779年。在漫长的岁月里，主要经历三次较大的兴修过程。

特别是到了隋朝，隋炀帝动用了两百余万人，开凿贯通了大运河，这为以后国家的经济文化空前繁荣作出了巨大贡献！尽管隋炀帝为亡国之君，但他的历史贡献是不容抹杀的。唐朝诗人皮日休在《汴河怀古二首·其一》中咏道：尽道隋亡为此河，至今千里赖通波。若无水殿龙舟事，共禹论功不较多！"可见大运河对日后中国南北经济交通的巨大影响。

大运河从此在隋代开始全线贯通，经唐宋的继续发展，最终在元代成为沟通海河、黄河、淮河、长江、钱塘江五大水系、贯通南北的交通大动脉。

京杭大运河是中国仅次于长江的第二条"黄金水道"，价值堪比长城。它是世界上开凿最早、长度最长的一条人工河道，长为苏伊士运河的16倍，巴拿马运河的33倍。

京杭运河一向为历代漕运要道，对南北方的经济和文化交流曾起到重大作用。十九世纪海运兴起，以后随着津浦铁路通车，京杭运河的作用逐渐减小。黄河迁徙后，山东境内河段水源不足，河道淤浅，南北断航，淤成平地。水量较大、通航条件较好的江苏省境内一段，也只能通行小木帆船。京杭运河的荒废、萧条，是中国半殖民地半封建社会状况的写照。解放后部分河段已进行拓宽加深，裁弯取直，新建了许多现代化码头和船闸，航运条件有所改善。季节性的通航里程已达1100多千米。江苏邳县以南的

660 多千米航道，500 吨的船队可以畅通无阻。古老的京杭运河将来还要成为南水北调的输水通道。

（6）申报世界遗产

2006 年 3 月 58 位政协委员联合向全国政协十届四次会议提交了一份提案，呼吁从战略高度启动对京杭大运河的抢救性保护工作，并在适当时候申报世界遗产项目。

大运河以其深厚的历史文化内涵，被誉为"古代文化长廊""古代科技库""名胜博物馆""民俗陈列室"，其历史遗存是研究中国古代政治、经济、文化、社会等方面的绝好实物资料，是中国悠久历史文明的最好见证。站在保护人类文明的高度看，大运河不仅在中国是独一无二的，对人类历史发展的作用也为世界所公认。大运河水系绵延数千里，纵贯南北，构成独特的自然风情，孕育出浓郁的线形文化景观。

京杭大运河是中国古代劳动人民创造的一项伟大工程，是祖先留给我们的珍贵物质和精神财富，是活着的、流动的重要人类遗产。大运河肇始于春秋时期，形成于隋代，发展于唐宋，最终在元代成为沟通海河、黄河、淮河、长江、钱塘江五大水系、纵贯南北的水上交通要道。在两千多年的历史进程中，大运河为中国经济发展、国家统一、社会进步和文化繁荣作出了重要贡献，至今仍在发挥着巨大作用。

京杭大运河显示了中国古代水利航运工程技术领先于世界的卓越成就，留下了丰富的历史文化遗存，孕育了一座座璀璨明珠般的名城古镇，积淀了深厚悠久的文化底蕴，凝聚了中国政治、经济、文化、社会诸多领域的庞大信息。大运河与长城同是中华民族文化身份的象征。保护好京杭大运河，对于传承人类文明，

促进社会和谐发展，具有极其重大的意义。

随着经济社会的发展，大运河的传统运输功能已经改变，河道、沿河风貌和人民生活都发生了很大变化，当前又面临着城市现代化、农村城镇化建设的严重挑战。如果再不加强保护，大运河的历史文化遗存、风光景物和自然生态环境就会不可避免地遭到破坏，真实性和完整性就会不复存在，这将是中华民族不可挽回的巨大损失。对大运河进行抢救性保护、实现可持续发展已经到了紧要关头。

(7) 数字运河

为了更好保护京杭大运河及申报世界文化遗产，中国将"开凿""数字京杭大运河"

2007年5月初在京召开的全国社会发展科技会议提出，中国将在"十一五"期间实施数字京杭大运河专项。

根据国家文物局发布的《文化遗产保护科学和技术发展"十一五"规划》，中国专家在已有研究成果基础上，制定京杭大运河住处采集标准，系统开展调查评估工作，利用全球定位系统（GPS）等技术手段建立京杭大运河文化遗产综合信息系统。

《规划》介绍，这一系统能将京杭大运河的文字、图片、地图、遥感图像等非空间数据在同一地理参考坐标系下进行统一管理，实现通过文字和图形进行统一管理，实现通过文字和图形进行双向查询、检索并对图象进行浏览、查询、分析和制图，形成基础信息数据库，为实施京杭大运河的保护、研究、展示、管理和决策提供有力支撑。

2012年7月，已列入国家申遗预备名单、将于2014年提交世界遗产委员会会议审议的"中国大运河"联合申遗项目，已进入

实质性阶段：大运河首批申遗点段范围已基本确定，完成相关立法、规划工作并颁布实施。2013 年 1 月，将正式申报文本报送联合国教科文组织世界遗产中心。

大运河南起杭州，北至北京，流经浙江、江苏、山东、河北四省和天津、北京两市，连接了钱塘江、长江、淮河、黄河、海河五大水系，对中国南北经济和文化交流起过重大作用。而大运河申遗则是中国迄今为止，涉及部门和牵涉地区最多的申遗工程。按照时间表，大运河申遗最快将在 2013 年 8 月左右接受国际专家的现场评估。

事实上，由于黄河改道，造成河道淤积等原因，自上个世纪 70 年代起，京杭大运河自山东境内济宁市南旺以北到天津就已经枯干；而济宁市南旺以南河段，仍然发挥着防洪、抗旱、运输、灌溉作用。

（8）京杭大运河博物馆

京杭大运河始凿于春秋战国，历隋、元二代而全线贯成。北起北京，南迄杭州，全长 1794 公里，无论历史之久、里程之长，均居世界运河之首。两千余年来，大运河几历兴衰。漕运之便，泽被沿运河两岸，不少城市因之而兴，积淀了深厚独特的历史文化底蕴。有人将大运河誉为"大地史诗"，它与万里长城交相辉映，在中华大地上烙了一个巨大的"人"字，同为汇聚了中华民族祖先智慧与创造力的伟大结构。

中国京杭大运河博物馆正是一座以运河文化为主题的大型专题博物馆，坐落于杭州市城北运河文化广场，毗邻大运河南端终点标志——拱宸桥。运河博物馆旨在全方位、多角度地收藏、保护、研究运河文化资料，反映和展现大运河自然风貌与历史文化。

博物馆于 2002 年开始筹建，2006 年 9 月建成开放。

中国京杭大运河博物馆建筑面积 10700 平方米，展览面积五千余平方米。建筑呈扇形环绕运河文化广场，造型独特，"传统而不复古"，以平坡结合和开放式的格局，将室内外融为一体，古运河及桥、船、埠巧借为活的展物。

中国京杭大运河博物馆以"运河推动历史，运河改变生活"为陈列主题，分序厅和"大运河的开凿与变迁"、"大运河的利用"、"沿运河城市"和"运河文化"四个展厅，其间穿插"漕运故事半景厅"、"运河模拟游舱"两个多媒体展厅，将文物史料与高科技巧妙结合，生动地再现古运河曾经的繁荣景象，使观众能身临其境地体验大运河悠久深厚的文化内涵。另外，尚有一个"十里红妆——运河水上婚俗"专题展厅，展示的是与运河文化休戚相关的另一种非物质文化遗产——宁绍朱金木雕红漆家具，从另一个侧面反映多姿多彩的运河文化。

中国京杭大运河博物馆既是一个运河文化的展示窗口，同时也是运河文物与运河史料的收藏中心与研究中心。博物馆收集和征藏的文物包括五类：一是与运河漕运直接相关的文物，如苏州府官斛、"日进千金"小升；二是与运河水上运输相关的文物，如余锦洲老行水单、"顺风快利"船票等；三是运河出土文物，如大关桥北出土唐开元通宝钱、运河出土宋代瓦当等；四是运河水上人家生产及生活用具，如竹编酒葫芦、船用水桶等；五是沿运河城市文物及工艺品，如明嘉靖三年临清大青砖、扬州漆器雕屏等。中国京杭大运河博物馆是目前国内第一家以运河文化为主题的大型专题博物馆，国家文物局认为它的建成填补了博物馆界的一大空白。目前，它也是杭州市运河保护整治"一馆二场三园、两带六埠十五桥"系列工程中的开篇之作，它的建成开放，使得古老的京杭大运河畔又多了一道亮丽的风景。

中国运河文化博物馆是中国所建的第一座运河博物馆。建于2004年11月，坐落在卓越秀美的江北水城运河古都——聊城。它东临古韵悠长的大运河，西依美丽的东昌湖，由著名的社会学家、原全国人大常委会副委员长费孝通先生亲题馆名。建筑总面积1.6万平方米，展览面积近7000平方米。

博物馆共五层，地上四层，地下一层，分陈列区、收藏区、研究和学术交流区三个功能区域。除序厅之外，分为十个展厅，其中二层三个展厅为"运河文化陈列"，三层三个展厅为"聊城历史文物陈列"。展品600余件，不仅是一座集收藏、展览于一体的特色文化博物馆，更是一座现代化的文化博物馆。馆内陈列以"运河推动历史，运河改变生活"为主题，除了展出一些重要文物和图片外，还通过多媒体、人体感应、三维动画等多种高科技手段，充分运用声、光、电等现代科技元素，融合运河文化和历史，将聊城历史和运河文化生动地展现在世人面前。

博物馆整体陈列以"运河推动历史，运河改变生活"为主题，旨在全方位、多角度地收藏、保护和研究运河文化，反映和展示运河的古老历史、自然风貌和民俗风情。

(9) 郭守敬与京杭大运河

作为一位杰出的科学家，郭守敬在建造京杭大运河过程中作出了重要贡献，并因此而被誉为"京杭大运河的总设计师"。考之史料，郭守敬在建造大运河过程中的功绩主要有如下四个方面：

一是开凿通惠河，实现京杭大运河全线通航。13世纪中叶，元朝成立，定都大都（今北京）。由于长期战乱，元朝的政治中心虽然在北方，但其赋税和商税收入却大多依赖南方。史栽："天下岁入粮数总计一千二百十一万四千七百八石，腹里二百二十七万一千四百四十九石。江浙行省四百四十九万四千七百八十三石。"（《元史·食货志》）由此，就出现了南粮北运的问题。当时，海运航程风水险恶，"人船俱溺者，船坏而弃其米者"（《元史·志二》）时有发生，故而以河通漕成为首选。但是，古运河从杭州未能直通北京，到通州后仍要人拉肩扛，遇有雨天人畜伤亡不计其数。元至元二十八年（1291年），郭守敬提出了大规模跨流域调水，疏流通州至都城河，修建京通运河的规划。郭守敬在建设京通运河时解决了两大技术难题：一是白浮引水工程（自昌平县白浮村引神山、一亩、玉泉诸泉，至西门入都城，东至通州高丽庄入白河），二是建立坝闸，实现"节水行舟"，堪称水利史上的两大奇迹。

京通运河从元至元二十九年（1292年）春动工，翌年秋全部完工，至此，从杭州至北京全长1794公里的京杭大运河全线通航，使江南漕船直接驶入大都城。更加促进了北京作为首都的日益繁荣。

二是截弯取直，缩短运河航程路线。元代时，江南运粮船只从太湖流域装船，沿江南运河、淮扬运河、黄河、御河、白河到达通州，由于黄河为西东走向。河船必须绕道河南，有一段路线需上陆路由漕车运载，造成了人力、物力的巨大浪费。此外，元宋交战的形势也急需对运河进行改良。为了缩短运河航程路线，郭守敬经详细考察后。"乃得济州、大名、东平、泗、济与御河相通的形势，为图奏之"，并获得元世祖的批准。其后，在邦守敬的指导下，元至元十九年（1282年），兵部尚书奥鲁赤在济州（今

济宁市）施工修建济州河，翌年完成，全长75公里左右。济州河汇入了山东中部的汶水和泗水两奈较大的河流，由于雨旱季水量的差异，需建造闸门以保水通航。后来，寿张县（今山东梁山县）尹韩仲晖和太吏院史边源建议重开一条运河，经郭守敬等论证认为可行后随即开工，工程当年完工，初名安山渠，因为它是通江淮之运的黄金水道，忽必烈命名为"会通河"。会通河修通后，江南三省的物资由徐州直接北上直达御河，再一路北上直通京都，大大缩短了运河航程。

三是建立水上驿站。元代的驿路以大都为中心，辐射全国，四通八选。据当时史书统计全国驿路1400处左右，分为陆驿和水驿，而水驿的始建者为郭守敬。元至元十一年（1274年），忽必烈派丞相伯颜南征，进攻南宋，军需、物资、军队的运输成了关键。翌年，郭守敬经过一番考察后作出了建立水上驿站的科学结论，并绘出图纸上报朝廷，得到忽必烈的批准。于是。郭守敬着手建立了十多处驿站。这些水上驿站的建立，对于当时中央集权的巩固和南北统一局面的形成起了至关重要的作用。当时水驿的管理主要是设置站户。不但要备船，还要备驴、牛、马，以便役使。元时站户们负责供应使臣的饮食，直接充当水手，负责船队运输，确保漕运畅通，军队的转运，政令、车令的传达也是由驿站转达的。驿站对持有圆牌的人，即身负军情急务的要优先招待，确保政令、军令的畅通。各地的驿站，包括水驿都是由兵部统一管理，纳入国家正式军队管理。水驿的设立，使得路驿与水驿间的联合更加便捷通畅，从而为元统一全国提供了有利条件。

四是完善运河的管理与修缮制度。元朝初年，都水监、巡河提领所、提领二员、副提领二员等是最高水利机构。元至元八年

（1271 年），郭守敬曾任都水监。都水监并入工部后，郭守敬又任工部郎中，主管全国水利工作。在任期间，他主持了全国大量的水利工程建设，不仅浚运粮坝河，筑堤防，而且还于元至元十六年（1279 年）设立"新运粮提举司"（后于元至元十九年改称京畿都漕运司）管理陆路站车二百五十辆。后率众修通惠河，并在大运河日益繁荣之时，在通惠河上设置河道所，河道所下设提领三人，闸官二十八人。此外，他还设置了通惠河运粮千户所，掌管漕运千户所。其中，设中千户一员，副千户二员，更加规范地管理通州至北京的漕运。这些人员部分由军队承担，把兵部和户部的力量有机结合在一起，保障了运河漕运任务的顺利完成。郭守敬对大运河的设施维修也极为重视，曾设专官管理闸道，闸户要对管理的闸坝负责，实行承包制；对一些寺观、农户私决堤堰，浇灌稻田，私自取运河之水的行为加大制止力度，并派专人看管；对运河上的重要河段如御河曾先后四次进行大规模的维修整治，防其泛滥，从而保障了大运河在运输、水利灌溉等方面发挥了巨大作用。

附录1　郭守敬成功之路初探

子　罗

郭守敬在科技领域取得了多方面的、杰出的成就，创造了10多个当时的"世界第一"。在中国和世界天文学史、水利史、数学史、仪器仪表制造史上，都庄严地铭刻着他的名字。郭守敬的同时代人，尊敬他，赞扬他。元代大理学家许衡，在朝野威望很高，"言论为当代法"。因语及公（守敬），以手加额曰："天佑我元，似此人，世岂易得。呜呼!其可谓度越千古矣。（《元文类》卷50、齐履谦。《知太史院事郭公行状》。以下引文凡不另注出处者，均引见此文）。时间度过了六七百年，现代人仍然景仰他、纪念他。国际天文学会等组织曾作出决定，将月球背面的一座环形山和太阳系一顺国际编号为2012的小行星均以郭守敬的名字命名。本文，仅试就郭守敬能够在科学事业上取得成功的原因予以初探。

一、顺乎时代开拓事业

郭守敬作为一个杰出的科学家，探讨其成功之路，首先在于

他所从事的科学课题，能够紧密结合元朝统一后恢复和发展生产的实际，顺乎了时代的要求。自公元9世纪末以来，我国唐王朝由鼎盛步入没落。之后四五百年间，五代、十国、两宋、辽、金、西夏、大理、吐蕃等许多割据政权并立，互相攻战。到13世纪初，居住于我国漠北的蒙古族诸部为铁木真部所统一，建立了大蒙古帝国。之后半个多世纪，蒙古又向金、南宋、西夏等国发动了长期的频繁战争，致使人口大量死亡或逃亡，土地荒废，水利失修，社会生产进一步遭到了严重破坏。1261年，蒙古忽必烈汗在邢台人、郭守敬的老师刘秉忠等人的帮助下，制定了一系列适合于中原汉地情势的方针政策，建立起了蒙汉地主阶级的政治联盟，统一北方，登皇帝位，建立了元朝。北方的统一和忽必烈在即位前后所采取的一系列安抚流亡、兴修水利、劝课农桑等进步政策，促进了我国北方社会生产的恢复和发展，也为郭守敬在兴修水利事业上的成功提供了有利环境。

1276年，忽必烈攻占南宋的首都临安（今浙江杭州市西），我国自唐末以来长期封建割据政权并立的局面得以结束，实现了中国历史一上的空前大统一。中央封建统一王朝的建立，相应也要求全国历法的统一。元初，我国北方原金朝辖区沿用《重修大明历》而南方原南宋辖区以及我国边疆的一些少数民族地区，则行用诸多不同的历法。我国古代以农为本。农事的进行，要求历法的统一和精确。以我国北方当时所使用的《重修大明历》为例，它经过百余年的使用，当时已经发生了很大的误差。还早在成吉思汗进行西征时，此历推定的日、月蚀的时刻已经不准，曾经出现过"前日中秋节，今宵月方的情况。因此，忽必烈统一全国后，就将刘秉忠生前曾对他提出过的修订历法的建议提到了议事日程，

并让刘秉忠的学生郭守敬、王恂等一起去完成这项工作。

恩格斯说过："社会一旦有技术上的需要，则这种需要会比10 所大学更能把科学推向前进"（《马克思恩格斯书简》第 80 页）这种推动作用，具体体现在一个科学家的身上，则往往表现为他所从事的合乎时代需要的科学工作，一方面能够比较容易得到当时开明统治者的支持，一方面能够得到广大群众的支持，同时，由于社会对科学技术发展需要而激发起来的群众性的发明创造活动，则可以为科学家的工作提供取之不尽、用之不竭的智慧和营养。1264 年，郭守敬跟随中书左承张文谦到西夏治水时，"役不逾时"，只用了短短几个月的时间，就修复了西夏庞大的水利灌溉系统，能够灌田数万顷，并且在技术上有所发明和创新，这无疑是他的科学活动得到了当地人民和元朝中央、地方政府大力支持，并且吸收了当地人民治水经验的结果。在制订新历的过程中，郭守敬在忽必烈的支持下成立了太史院，集中了原金朝作京、南宋临安司天机构和全国各民族众多的第一流天文、历算和工艺专家通力进行合作。他还调配人员，研制、创新了各种天文仪表，组织十四支观测队，在全国广大范围内进行了空前规模的天文实测。

如此等等，郭守敬在科学事业上的成功，是他的工作得到了当朝开明统治者和各方面力量支持的结果。

二、勤奋好学孜孜追求

外因是变化的条件，内因是变化的根据。诚然，一个人在事业上的成功需要有一定的"机遇"，不同人由于其所处的条件、环境以及其所遇到的各种偶发性的外界因素不同，取得成功的机会也不同。但是，"机遇"毕竟只是外因，外因必须通过内因才能

起作用。我国著名科学家华罗庚说的好："如果说，科学一上的发现有什么偶然的机遇的话，那么这种'偶然的机遇'只能给那些学有素养的人，给那些善于独立思考的人，给那些具有锲而不舍的精神的人，而不会给懒汉"。研究探讨郭守敬的成功之路，便可以看出：由于他从小就具有勤奋好学、孜孜追求的进取精神，由于他具有深厚而广博的学识，所以他也就能够更多地捕捉到机遇来充分发挥自己的才能。

元人齐履谦在《知太史院事郭公行状》中说：郭守敬从小就"生有异操，不为嬉戏事"，认为他有什么天生的察性，不爱玩耍。其实，这只不过是他从小就把主要精力用到学习上，不贪恋戏闹玩耍罢了。因为他从小热爱学习，而且肯于钻研，所以当他在十五、六岁时，得到一本构造比较复杂的古代莲花漏的石刻图本，就能根据这张图，弄清这种古代计时器的构造、用法和原理。郭守敬的祖父郭荣学识渊博，通五经、精于算术、水利，对郭守敬的成长有着积极影响。但就当时总的情况来看，郭守敬青少年时代的学习环境是很差的。当时我国北方政局混乱，生产衰败，人口大量逃亡，古代传统的乡间庠序之教不能正常进行。因此，郭守敬十八岁时拜师从刘秉忠学，就不得不避居于邢台县西南 140 多里的紫金山深山之中。然而，艰苦的环境和条件并不能动摇郭守敬虚心好学、孜孜追求的决心。据记载，他青年时代还曾得到过一张《漩现玉衡图》。所谓漩矶玉衡就是我国古代用来观测日月星辰运转的铜制仪器—浑天仪。为了弄清这一古代仪器的原理，并且能够实际应用，他因陋就简，用竹蔑依图仿制了一架简单的浑天仪，"积土为台"，亲自用这架简单的仪器观测二十八宿及诸行星的位置和运行。

郭　守　敬

　　由于他勤奋好学，孜孜追求，所以，他从青少年时代起，就逐步掌握了比较踏实的天文、水利、数学等方面的知识。1251 年，当忽必烈派"良吏"张耕、刘肃等人前来治理邢州时，年方二十一岁的郭守敬因具有真才实学，就被选排让他率领群众去修复邢台城北被淤塞多年的旧河道。他在工作中准确地测量地平，立准计工，精心组织，因而成效大著。为此事，金元之际的大学问家元好问曾为之"文其事于石"。1260 年，中书左永张文谦行省大名（今河北大名县）、彰德（今河南安阳市）诸路，郭守敬跟随前往。

　　这文使他在天文制仪方面的才能得以发挥。在此期间少他将他曾在十几岁时就钻研过的莲花漏加以改进，铸成了名为"宝山漏"的新型漏壶，后进献给忽必烈（《元史》卷 5、《世祖本纪》"中统三年二月"条），被置放于大都的灵台之上，成为元初国家的标准计时器。他年青时曾用竹篾仿骊过的漩矶玉衡即浑天仪，后来也被他加以革命性的改造和简化，制成了使用更加方便，观测精度更加提高的简仪，成为他所创制的领先世界水平 300 多年的 10 多种天文仪表中的代表作。

三、躬行实践注重调查实践出真知

　　勇于进取、孜孜追求的精神是重要的，但若脱离正确的方法论的指导也往往会事倍功半，甚至一事无成。郭守敬能够在事业上取得伟大成功，从方法论上讲，是他客观上遵循了唯物主义认识论的原则，不畏艰险，注重考察和实测的结果。

　　郭守敬的一生长期从事兴修水利工作。而兴修水利，必须在一定的水文条件下进行。水利设计的成功与否，直接决定于事前对各种水文条件的认识。郭守敬搞水利设计，注意寻源问流和认真调查各种水文要素。他为了兴修华北地区的水利，1262年曾向忽必烈提出过"水利六事"（《元史》卷164、《郭守敬传》）。在这六条建议中，他对邢州达活泉、百泉及其下游诸河道，对怀孟（今河南沁阳一带）沁河的"漏堰余水"的流量，河道横塞情况，修复措施以及修复后可以受益的田亩数字等等情况，讲的既明确而又具体。这无疑是他对这些水道进行了详细调查研究的结果、后来，当他跟随张文谦来到大都以后，又对元朝京师地区的水系进行初步考察，从而提出了引玉泉水以济槽运的重要建议。1264年，为了修复西夏地区源于黄河的几十条旧渠，他甚至心挽舟溯流而上"，调查黄河河源，注意寻源问流。另外，为了规划华北地区的水利，他曾进行了纵横数百里的"测量地平"工作，在大量测量工作的实践中，创造性地以海平面为基准，比较大都至汴梁的地形高下之差，从而在世界上最早提出了海拔概念并加以应用。为了开凿上都的铁蟠竿渠，郭守敬调查研究了该地雨季常有山洪暴发的特点，提出了"非大为渠堰，广五七十步不可"的正确方案。但是工程执行者"吝于工费"，"缩其广三分之一"。结果次年山洪暴发，渠不能容，漂没人畜庐帐，几及皇帝行殿。由是元成宗叹曰："郭太史，神人也，可惜不用其言"！

在天文制历方面，郭守敬能够取得突出成就，也与他注重天文实测有着密切关系。制历之初，郭守敬强调"历之本在于测验，而测验之器莫先仪表"，因而在整个制历过程中，他首先从创制、改进各种天文观测仪器仪表开始，并且经常亲自动手，努力做到精益求精。时人论其所制仪表，称赞其"规画之简便，测望之精切，巧舞不能私其议，一旦一群众无以参其功"。在主要天文仪器仪表制成后，郭守敬又组织大批人员在全国范围内进行多方面的

天文实测，取得了大量宝贵的第一手贪料，继而进行精密的计算。清人阮元在《畴人传》中说，郭守敬的"简仪、仰仪、景符、窥几之制，前此言测候者未之及也"。"先之以精测，继之以密算，上考下求，若应准绳，施行于世，垂400年，可谓古法之大成，为将来之典要者矣"。《授时历》能够成为我国古代最优秀的历法，当决不是偶然的。

四、善于继承勇于创新

科学技术的发展史，从一定意义上讲，是正确处理继承和创新关系的历史。郭守敬能够成为杰出的科学家，其重要原因，还在于他能够批判地继承人类既得的有关科学技术成果，并力争在此基础上大胆创新。

列宁在谈到怎样才能建设无产阶级文化时曾说过："只有确切地了解人类全部发展过程所创造的文化"，并且对"这种文化加以改造"才能成功。（《青年团的任务》。《列宁全集》卷31）。在科学技术发展史上出现的任何重要新成就，也只能首先深入系统地研究并批判地继承前人的成果，并进而在此基础上大胆创新才能取得。郭守敬为了制订新的历法，他对我国自西汉以来的各家历法进行认真分析研究，吸取其精华。清初梅文鼎在《古今历法通考》中，称《授时历》是"集古今之大成"。他说："不读耶律文正之庚午元历，不知授时之五星。不读通天历，不知授时之岁实消长。不考主朴之钦天历，不知斜正升降之理。不考宣明历犷不知气、刻、时三差。非一行之大衍历，无以知岁自为岁，天自为天。非淳风之麟德历，不能用定朔"。但是，郭守敬并不仅仅满足于继承这些古历所取得的成就，而决心在此基础上进一步创新。

为了制订更科学的历法，他亲手创制改进各种天文仪表，组织大批人员并亲自参与进行天文实测，从而可以鉴别并纠正历代古历之粗疏。在《授时历》中，他"所考订者凡七事"纵正了古历的许多误差，"所创法者凡五事"，在许多方面比历代古历有了重要发展。郭守敬在制历工作中为我们树立了善于继承、勇于创新的榜样。

在兴修水利的过程中，郭守敬同样能够正确处理继承和创新的关系。以他在西夏抬水为例，在元代以前，西夏濒河五州就有许多古渠。但是白十三世纪以来，由于战火频繁，人民大量逃亡，造成水利失修，渠道"废坏淤浅"，严重影响了农业生产。郭守敬在西夏治水的指导思想是"因旧谋新，更立闸堰，役不逾时"，充分体现了继承和创新二者的关系。所谓"因旧"，即注意充分继承前人在这见开发水利所取得的成果，认真地吸收前人在当地治水的经验和对已经淤浅的旧有渠道尽量加以疏浚和利用。所谓"谋新"，即根据当时已经变化了的地形和水文条件，采用新技术和新的措施，主要通过"更立闸堰"的办法，对西夏原来庞大的水利系统进行改造和创新。这样做的结果，极大地加快了工程进度。他在头年秋后发动群众开始整修河道，到第二年春播前，就"役不逾时"地完成了这项能够灌田数万顷的水利工程。不怕失败镇而不舍从一定意义上讲，"失败是成功之母"。重大、复杂的认识或实践过程，往往不是一次就能完成。伟大科学家的任何一项重要成就，无一不是在成功和失叽胜利和挫折的比较中，经过实践、认识、再实践、再认识的反复过程而得以完成。郭守敬为追求既定目标，具有不怕失败，锲而不舍的精神，这是他能够成为一个伟大科学家的又一条重要经验。郭守敬在兴修水利方面最突出的

成就，莫过于成功地开凿通惠河以解决大都（今北京）的槽运问题。而这一项工作，是他经过儿次失败，历时几十年才完成的。他第一次试图解决这一问题是在 1262 年。是年，张文谦把郭守敬引荐给忽必烈，蒙召见于上都便殿。郭守敬首次面见忽必烈便提出了水利六事"，其中第一条就是建议引玉泉之水以济潜运，使通过运河可抵通州的运粮船直驶中都。这样每年可节省从通州转运粮食到大都的雇车钱六万络。但这次引水济潜计划实施的结果并不理想，因玉泉水水源太小，流量有限，加上当时的工程技术条件解决不了新开引水线路沿途的渗漏问题，结果运粮船仍不能直达大都。郭守敬这次引玉泉水济遭的计划失败了。

但郭守敬并不甘心失敛。1265 年，他再次提出了引卢沟河（今永定河）水以济滴的计划。这次，他从卢沟河左岸开口向东，引水穿西山（今石景山）过金口而出，汇入中都北城河，然后再继而和通州的大运河相接。按这个线路引水济潜，金朝曾经实施过，但因洪水季节，卢沟河水势凶猛，经常泛滥成灾，后来这条河道便被用大石填塞了。为了解决洪水为害的间题，郭守敬这次引卢沟河水，在金口以西预开"减水口"以杀水势，这实际上是现代水利工程中溢洪道的雏形。但是，这样虽能使雨季洪水为害的问题得鼠控制，但并不能解决卢沟河水含泥沙过多，淡水季节易沉淀淤积不易行船；水位落差过大，水流湍急，从通州来的运粮船无法逆流而上直达中都的问题。虽然这次郭守敬引卢沟河水济槽，可以使西山的木材、石料顺流直下源源运抵大都，保证了当时由刘秉忠主持的修建元大都城建筑材料的供应，但对于解决南来运粮船北上这一主要目的，实际上仍然未能达到。

在科学的道路上是没有平坦大路可走的。只有遵循唯物论的

反映论,通过反复实践而使认识不断深化,才有可能达到理想的结果。郭守敬是一个锲而不舍、不怕失败的人。二十多年后,当他完成了制订《授时历》并对大量天文观测及制历资料进行整理成书告州段落后,便于 1291 年又再次提出了引白浮泉水济嘈以运粮的建议。这时,他通过长期掌管全国兴修水利的工作而积累了更加丰富的实践经验。尤其是通过前两次引水济遭的实践,使他对中都周围的水文、地质、地貌等情况有了进一步深刻的认识,从而保证了这次引水济澹运粮计划的一举成功。在 700 年以前,郭守敬能够在中都周围地形极其复杂的情况下,巧妙地汇聚白浮等众泉之水,依地形迂回曲折而行,从昌平(今北京市昌平县)经西山直抵大都,这在今日亦堪称难得,不愧为我国水利史上的奇迹。

五、互相支持相得弥形

世界科技史的研究表明:一个学派的形成,一批科技同仁的相互支持、合作和友谊,是促进一批人才的共同成长和孕育杰出人物诞生的催化剂。1248 年,郭守敬入邢台县西南之紫金山从刘秉忠学;并进而据此结识了先后均在紫金山读过书的张文谦、张易和王拘等师友。这几个人,后来在元初为政,或为文,都得到了忽必烈的信任。郭守敬尊师敬友,得到了他们的帮助、关心和支持,这是他后来能够成为一个杰出科学家的有利条件。

刘秉忠、张文谦、张易、王询屯及郭守敬,今天或称其为元代顺德"紫金山五杰"。这五个人中,刘秉忠入居忽必烈潜邸最早。他又先后引荐张文谦、张易、王询来到忽必烈身边工作;郭守敬则是由张文谦荐于忽必烈而受到重用的。郭守敬的科学工作,

始终得到了"紫金山五杰"一其它同仁的鼎力相助。一是在郭守敬二十一岁时,首先以治理邢州城北被淤塞的旧河道而崭露头角的,而他的这一成就,是在刘秉忠、张文谦向忽必烈举荐的"良吏"张耕、刘肃前来治理邢州的时候完成的。张耕、刘肃在来邢州之前,刘秉惠、张文谦断然不会不向他们推荐自己在邢州的优秀弟子郭守敬。1261 年以后,张文谦以中书左承的身份行省大名、彰德等路和行省西夏,都带郭守敬前往兴修水利。郭守敬能够于 1262 年首次面见忽必烈时提出"水利六事"而受到重用,能够在大名工作期间改进、铸制"宝山漏方得到成功,能够在西夏治水获得成功,都是和张文谦对他的信任和支持分不开的。而郭守敬制定《授时历》的伟大成功,则更充分显示了"紫金山五杰"相互支持、齐心合作的重要作用。忽必烈之所以能在 1276 年决定修定新历,除了当时全国的统一使制历工作更加具有紧迫性和客观可能以外,从主观上讲,则是因办刘秉忠在生前就曾提出过改历的建议而较早引起忽必烈重视的。在制定新历的过程中,当时"紫金山五杰"除刘秉忠已经去世外,其他四人全部参加,其中王恂主算、任太史令,郭守敬主制仪表、测验,在王恂去世后继任太史令。张文谦、张易在朝中的地位比他们高,亦皆参予其事,"为之主领裁奏于上"。因此,《授时历》的完成,从一定意义上讲是"紫金山五杰"共同努力的结果和集体智慧的结晶。郭守敬能够成为一个杰出的科学家,是和他的师友在各个方面对他的支持帮助分不开的。

参考文献:

① 《藏春集》卷 0,张文谦撰《文负刘公行状》.

② 《郭守敬研究》1994 年。第 7 期,

⑧明嘉靖《顺德府志》.

④《元史》卷157（（刘秉忠传》

⑤《元史》卷，"《郭守敬传》

⑥《文史知识》，1985年第3期.

⑦《藏春集》卷6，徒单公服撰《太保刘公墓志》、

附录 2　论元代科学技术和元代社会

杜石然

　　1206 年成吉思汗建立"大蒙古国"，简称"大朝"。大蒙古国的第五代大汗忽必烈（1215—1294 年，1260 年即帝位）接受汉人刘秉忠建议，附会《易经·象传》中的"大哉乾元"，改国号为"元"。"元朝"也就是"大朝"。人们对元朝的时间涵盖有着不同的理解：一种是 1271 年以"元"为国号时算起到 1368 年覆亡为止，10 帝，不及百年；另一种是以成吉思汗 1206 年建国时起算到 1368 年覆亡，14 帝，162 年；第三种则是以蒙古灭金（1234 年）起算，即从开始入主中原时算起；当然如从南宋灭亡（1279 年）算起，其享国时间就更短了。元代科学技术的发展，如从政权的决策人来考量，关键人物乃是忽必烈汗。因此本文的时间主轴即是围绕着他来进行的。当他还没有即位尚为藩王时即已高度注意吸收汉文化，特别是当他于 1251 年受命总领"漠南汉地军国庶事"（《元史·世祖本纪一》）之后就更是如此。当然，北方辽金时代以及金元之际的人文积淀以及南北文化的交汇等等，也拥起并

且成就了元代传统科技发展顶峰的形成。

正如当代元史专家陈高华先生所指出的："对于元代文化，历来评价不一。在相当长的时间内，除了元曲（这得力于王国维先生的研究）之外，元代社会黑暗、元代文化'衰敝'的看法，是颇为流行的。元朝君主多不习汉文化，元朝儒生地位极其低下，甚至有'九儒十丐'之说，是得出上述看法的重要论据。20 世纪下半期以来，随着中外学术界有关研究的不断深入，现在完全可以说，元代是继唐、宋之后我国文化发展的又一个高潮时期。在元代，文化的多数领域都有很好的成就，有些甚至超越了前代。"[1] 按陈先生的理解，科技并不属于其所界定的"窄义"的"文化"范围之内，而本文则拟对元代的科技发展也做一类似的探讨，并试图对元代科技发展的社会原因进行一些讨论。

一、元代堪称宋元时期中国传统科技发展高潮之顶峰

元代在天文历法、数学、农学、医学、水利、地理，以及技术学科等诸多领域，均取得令人注目的成就[2]。

首先让我们来观察元代的天文历法。元代天文历法的成就，集中体现在《授时历》（1280 年颁行）的编制工作之中。学术界公认：《授时历》乃是中国传统历法中最杰出的一部。它是由忽必烈的汉人智囊团领军人物刘秉忠所倡议，由其成员郭守敬（1231—1316 年）、王恂（1235—1281 年）具体操持下完成的。参加这一工作的还有同集团的张文谦、张易等人。《授时历》"不用'积年'，不用'日法'，创始用招差法来推算太阳、月球的运动速度，用弧矢割圆术来推算黄道经度和赤道经度、赤道纬度的关系。"[3] 《授时历》的编制者们研制改创了观测仪器，从而

"采用了一批经由实测而得的较准确的天文数据。该历法是中国古代最精良的历法。"[4]

其次在数学方面，元代有朱世杰所著《算学启蒙》（1299 年）和《四元玉鉴》（1303 年)两部杰出的著作。《四元玉鉴》继承并发展了当时在我国北方发展起来的设立、求解一元高次方程的"天元术"，以及设立、求解多元高次方程组的"四元术"，此外还在高阶等差级数求和等方面也都取得了世界数学史上较大的成就。《授时历》表明：这一高阶等差级数求和方面的数学成果，已经在历法计算中得到应用。而《算学启蒙》一书，简明扼要地讲述了从入门的运算知识直到一元高次方程解法等较高层次的数学知识。除了它是一部很好的启蒙性数学教材之外，该书还继承了当时在我国南方发展起来的商用算术、筹算的各种简捷算法等等。正如清代学者罗士琳所评论的，与宋元数学大家秦九韶、李冶相比："汉卿（朱世杰)在宋元之间，与秦道古（九韶)、李仁卿（冶)可称鼎足而三，道古正负开方，仁卿天元如积，皆足上下千古，汉卿又兼包众有，充类尽量，神而明之，尤超越乎秦李之上"[5]因此，"朱世杰的工作，在一定意义上讲，可以看作是宋元数学的代表，可以看作是古代筹算系统发展的顶峰。"[6]

另外同为传统数学宋元四大家之一的李冶（1192—1279 年)所著《测圆海镜》（1248 年)、《益古演段》（1259 年)两书，都是关于"天元术"的代表著作，而且都是在进入蒙元管辖之后发表的。李冶本人也曾作为学界名流数次接受过忽必烈的召见。

再次在农学方面，在宋元时期四大农书之中，元有其三。这四大农书是：

（1）陈旉（1076—? 年)的《陈旉农书》（1149 年)，它是一部

南宋农书。

（2）《农桑辑要》（1273 年），是元政府"大司农司"组织人力遍求古今农书编写的。该书"博采经史及诸子杂家，益以实验之法，考核详瞻，而一一切于实用，当时绝贵重之"[7]，是我国现存最早由政府编辑出版并在全国推行的一部农书。

（3）王祯编写的《王祯农书》（1313 年）"全书包括《农桑通诀》、《农器图谱》和《谷谱》三个部分。《农桑通诀》屡屡提到南北操作方法的异同，对于必须因地制宜、交流经验、再三致意，仍是言之有物。《农器图谱》则是作者在传统农学上的突出贡献，在份量上，构成全书的基本组成部分，内容也极为精彩，在传统农学著述中，确可称空前绝后。"[8] "对后魏（《齐民要术》）以来中国南北精耕细作的优良传统经验进行新的总结。"[9]《农器图谱》中除各种农用器械之外还记录了各种利用水力的机械，甚至还包括有纺织机械。在元代，种棉和棉纺技术得到普及，《王祯农书》中的"黄道婆"就是元代棉纺技术发达的一位民间传奇人物。

（4）鲁明善（维吾尔族）所编《农桑衣食撮要》（1314 年），是一部月令体的农书，比较通俗，还包含有西北少数民族的一些农事活动情况。

在传统医学方面，则有金元四大家的出现。《四库全书总目·子部·医家类·前言》说："儒之门户分于宋，医之门户分于金元"，医学门户、流派的出现，极大地丰富了传统医学的发展。传统医学金元四大家是指：

（1）以刘完素（1110—1200 年，河间人）为代表的"寒凉派"；

（2）以张从正［1156—1228 年，睢州（今兰考）人］为代表的"攻下派"；

（3）以李杲［1180—1251 年，真定（今正定）人］为代表的"温补派"；

（4）以朱震亨（1281—1358 年，义乌人）为代表的"养阴派"。

其中张、李二人生活年代可归为金元之际而且都出自北方，而元人朱震亨则出身于统一后的南方，他"兼收并蓄刘完素、张从正、李杲三家之长，提出'阳常有余，阴常不足'的医学理论，并以'补养阴血'为主要治疗原则。撰有医学著作多种。其说在明初影响很大，师从者众多"[10]。

元代的水利工程也很出色。天文历法学家郭守敬，同时也是一位杰出的水利学家。他曾出任过各种管理政府水利工程的官职，前后向元朝政府提出 20 多项水利工程的建议，治理了大小数百处河渠堤坝等工程，包括南北大运河北段的诸多工程。1291—1293 年北京地区通惠河工程的设计与施工完成，可以被看成是郭守敬水利工程的杰出代表。通惠河工程中勘察、选线、闸坝、水门的布局设置都体现了科学性和实用性相结合的原则，是中国传统水利工程的杰出代表。现在的京杭大运河全长 1789 公里，沿途经过 18 个城市，就是以元运河为基础的。意大利人马可·波罗（MarcoPolo，1254—1324）的《马可·波罗游记》，详细记载了他经过的运河城市。他说当时的北京城，繁华超过他在其他国家见到的城市，而杭州则是更加繁华的一个城市，令他感到十分震惊。

在地理志书方面的成就，在元代则可以举出《大元一统志》的编纂。《大元一统志》是元代官修各地方志的总志，至元三十

一年（1294年）开始，大德七年（1303年）完成，前后历时17年，规模空前。书中按元代各路、州、县，分别记述了各地区的建制沿革、坊郭、乡镇、道里、山川、土产、风俗形势、古迹、官迹、人物、庙宇等门类。书中保存了大量宋、金、元时所修方志书中的史料。书中对元代各地的社会经济等人文状况，以及地理、地质、考古等有较多的记述。可惜，此书在明代即已散失，现存仅有后人的辑本。此外朱思本绘制的《舆地图》、汪大渊的地理学专著《岛夷志略》等也都很有价值。

元代的各种技术学科也比较发达。例如，元代青花瓷器、航海技术、制盐业、兵器制造等等都有超过前代的发展。特别是火器制造在南宋和金代已有成就基础上，铜炮（又作"火筒"）的铸造有更大的进步。现存至顺三年（1332年）铸造的铜炮（藏中国历史博物馆），长35.3厘米，口径10.5厘米，重6.94公斤。和金代火炮以纸十六重为筒比起来，进步之大是很明显的。另一只至正十一年（1351年）铸造的铜火铳长43.5厘米，口径3厘米，重4.75公斤，是一种用于射击的管状火器。前者很可能就是元末杨维桢所描写的"龙井炮"或"铜将军"之类。此外，元代还出现了折叠弩、叠盾等经过改进的武器。

二、元代传统科技发展顶峰的社会原因

从社会因素来看，我们认为辽金元时期北方文化中心的逐渐形成，以及元代政府决策人，特别是与忽必烈汗以及他身边汉人智囊团，与元代传统科技发展顶峰的形成有着十分重大的关系。

1. 北方文化中心的逐渐形成

从10世纪起，在两宋续存的300年间（公元960—1247年），

在中国的北部地区，陆续出现了少数民族所建立的辽（公元916—1125年）、西夏（1038—1227年）、金（1161—1234年）等国家，最后还是由蒙古族所建立的元王朝统一了整个的南北中国，结束了南北长期对峙的局面。在长期的南北之间民族、军事、政治的冲突、对抗、征服过程中，多民族文化的同化和融合也无时不在进行着。当金兵南下、北南宋交替之际，全国的文化中心，从表面上看，自关洛一线（以张载、二程为代表）南移至杭州（南宋都城临安）、福建（以朱熹为代表）一线。必须注意的是，在北方，由于辽、金、元诸王朝的连续出现，以河北、河南、山西、山东为中心的另一个文化中心逐渐形成，这不但为金元时期科学技术在北方的发展提供了经济、政治、文化氛围，以及人才培养等社会总体发展的平台，而且为北京将在其后的七八百年间持续成为全国的政治中心和首都奠定了基础。例如作为当时文化发展标志之一的出版印刷业：在山西（临汾等地）、河北（燕京）等地，都形成了可与南宋都城临安（杭州）、福建、四川相抗衡的印刷出版中心。佛藏、道藏以及经、史、子、集各个方面书籍，均多有出版。冶金技术在北方也有所发展，辽金时期就有较发达的冶金业，元代仅燕南、燕北即有铁冶提举司17所，煽炼户3万余户（元·王恽《秋涧集》卷90《省罢冶铁户》）。

两宋时期在北方首先出现的强大国家是由契丹族的贵族所建的辽。辽最盛时的疆域东临日本海，西至天山，朝贡国有60余个，与北宋对峙的西夏一时亦向辽称藩。辽亡于金的前一年，辽一部分贵族西迁，建立了西辽国（即"哈剌契丹"，"哈剌"是黑色之意）。西辽国在加强中世纪的东西文化交流方面，在历史上曾起过积极的作用。[11]

西夏是党项族贵所族建立的国家，以宁夏的银川为国都。

金是女真族所建立的国家。女真族世居中国的东北地区，活跃于白山黑水之间。12世纪初灭辽和西夏，进兵中原，使北宋覆亡（1161年），在北方广大地区享国一百余年，现今的北京当时是金的中都。

元朝是蒙古族所建立的国家。蒙古族本来散居在鄂嫩、克鲁伦、土拉等三条河流上游，即今蒙古人民共和国肯特山以东一带的地方。自元太祖成吉思汗时起，四出征战，除了本民族内部的统一之外，还进入到长城以南的广大中原地区以及中国以西的西亚、中亚、西南亚，甚至跨过亚洲大陆西端而进入到欧洲。在中国，成吉思汗的后继者们，元太宗窝阔台于1234年灭金，元世祖忽必烈于1279年灭掉南宋，完成了全中国的统一。

元代是我国历史上对内对外都比较开放的时期，多种宗教共存并且能够包容各种思想。中国人可以走出去，外国人也可以走进来。元代也是我国统一的多民族国家形成的重要时期（虽然其过程经历了太多的杀戮和民族压迫）。从1271年成吉思汗的孙子忽必烈定国号为大元到1368年明朝建立，不过百年时间，强悍、质朴的草原文化（游牧文化）与成熟、丰富的中原文化（农耕文化）相互碰撞、融合，虽常有民族压迫、民族歧视的痛苦相伴，但在历史上却也是特色独具，为中华民族的文化史融汇了许多新鲜的篇章。

西夏、辽、金、元等政权都是由来自北方的骑马民族所创造，可以说他们都是得天下于马背之上，一统天下于战乱之中。但是正如元世祖身边汉人智囊团代表人物之一的刘秉忠所说："以马上取天下，不可以马上治"[12]。在那个时候谈论"治"，说穿了，

都离不开"汉化"一途。随着他们对汉族地区的征服，征服者本身立即被被征服者的较高文化所同化，而且是迅速的汉化。其程度之快，在中国历史上是罕见的。金的太祖、太宗是如此，元世祖忽必烈更是如此。

忽必烈早在他尚为藩王时，即对汉人儒生比较亲近。《元史·世祖本纪》中记有："岁甲辰（1244），帝在潜邸，思大有为于天下，延藩邸旧臣及四方文学之士，问以治道"，在这些人之中就有刘秉忠、赵璧、王鹗等人。其后，姚枢、窦默、许衡等汉人儒士也相互援引纷纷加入。忽必烈在"南征"、"避祸"（蒙哥汗曾怀疑其有野心）、"靖难"（与其弟弟争夺皇位）"登基"等一系列关键时刻，无一不是因为采纳了汉族儒士的正当建言而获得成功。

1260 年，忽必烈称帝于开平，汉族谋士，特别是刘秉忠，出力尤多。无论是典章、制度、开国国号、都城兴建、官制章服、朝仪礼制，均肇自这位亦儒亦释亦道的汉族文士。为了以儒治国的政治方针得到贯彻和延续，忽必烈还要求其独生子真金也接受儒学教育。忽必烈在灭金、亡宋以及"立储"等方方面面，所依靠的都是这一汉儒智囊团。

2. 忽必烈身边的汉人智囊团———紫金山集团

在元代初起，即元世祖忽必烈尚为藩王时，忽必烈的身边就曾经存在过如上所述以刘秉忠为首，包括张文谦（1217—1283年）、郝经（1226—1278年）、姚枢（1203—1280年）、许衡（1209—1239年）、窦默（1196—1280年）、郭守敬（1231—1316年）和王恂（1235—1281年）等人为中心的汉人智囊团。元代的科学和技术得以持续地发展，也大都得力于这个智囊团。这个智囊团的中心人物是刘秉忠。刘秉忠出仕之前曾在河北紫金山（邢

台市西南 65 公里）隐居讲学，创立了紫金山书院，上述人物大都跟随他在书院中学习过。

刘秉忠（1216—1274 年），邢州（河北邢台）人。他先入全真教，后又出家为僧，法号子聪，自号藏春散人，隐居紫金山中躲避战乱。他广学博览，潜心研究，博鉴儒、释、道三家，史称他"凿开三室，混为一家"[13]。此外他还精通天文、历法、水利、算学等等。他创建紫金山书院，弟子中有张文谦、王恂、张易、郭守敬诸人，皆为元代著名学者。刘秉忠于 1242 年受到北方禅宗临济宗领袖海云的推荐，进入忽必烈王府，由于学识渊博，深受忽必烈信任重用，"参帷幄之密谋，定社稷之大计"。忽必烈登基后，曾建议定百官爵禄、减赋税差役、劝农桑、兴学校等。在与忽必烈接触过程中"顾问之际，遂辟用人之路"[14]，1247 年经他推荐被忽必烈征聘到王府的就有张文谦、窦默、李德辉等人。而忽必烈也因此慕"唐太宗为秦王时，广延四方文学之士，讲论治道，终致太平"[15]据《王恂墓志》载："岁己酉（1249 年），太保刘公自邢北上，取道中山，方求一时之俊，召公（王恂）与语，贤其才，欲为大就之"①。王恂也是刘秉忠所推荐的。

①转引自元苏天爵《元朝名臣事略》卷 9《太史王文肃公》[16]。

以刘秉忠为首的紫金山集团的成员大都通晓天文、数学、水利等各种科学技术，同时又多为元初名臣。刘秉忠本人官拜光禄大夫、太保、参领中书省事，汉人文武官员位居三公者仅刘一人。其他如张文谦曾任枢密副使，官至左丞相；张易累官枢密副使、知秘书监；王恂曾为太子赞善，官至太史令；郭守敬曾任都水监、太史院同知。

3. 百科全书式人物和他们的用世态度

我们已经注意到，作为一个时代的特征，在宋代就曾经出现了大批的百科全书式的人物，而这种趋向应该被看作是"宋学"得以发展的新的时代精神、新的学习风气[2]。和两宋时代一样，在元代，这种新的风气依然得到继续。战乱频仍，异族间的矛盾，科考断续无常，知识人避乱、逃荒、隐居、迷惘、沉思等等，使得博学、经世、百科全书式人物继续成为社会需要。上述紫金山集团的成员大都是这样的学者。

例如领军人物刘秉忠就曾是一位凿空儒释道，精通文、史、哲、经、天、数、水利、占卜等等多才多艺的人才。有资料说他是"通晓音律，精算数，仰观占候、六壬遁甲、《易经》象数、邵氏《皇极》之书靡不周知"[17]。

再如许衡，他也是"天文、地理、典章、制度、食货、刑法、字学、音韵、医经、数术之说亦靡不该贯，旁而释、老之言，亦洞究其蕴"，而且许衡"博学"的理由竟然和王安石惊人的一致，他曾经说过："学者孰不曰辟异端，苟不深探其隐，而识其所以然，能辨其异同，别其是非也几稀"（[18]，4318页）。他认为学者如果不"深探其隐"，就不能"知其所以然"，就不能"辨其异同"。还有的资料说：许衡"与（姚）枢、窦默相讲习。凡经、子、史、礼乐、名物、星历、兵刑、食货、水利之类，无所不讲"（[18]，3717页）。而且窦默还通医术[19]。

郝经的经历以及他和他父亲的对话或者可以诠释何以会在当时出现如此的社会风尚。郝经年少时喜好诗文。1238年，蒙古统治者在中原首次考试儒士。郝经曾有心"决科文"应试。但父亲教导他说，"汝学所以为道，非为艺能也；为修身，非为禄养

也"。郝经于是转而以"道德之理，性命之原、经术之本"为其先务[20]。于是他"上溯洙泗，下追伊洛诸书，经史子集靡不洞究"，为其一生奠定了坚实的学识基础，并树立了"以复兴斯文、道济天下为己任"的远大抱负。他曾自述其志说，"不学无用学，不读非圣书，不为忧患秽，不为利益拘，不务边幅事，不作章句儒"[21]。郝经的治学态度和用世精神很大程度上代表了当时汉族士人们的普遍观念。

再如一般的读书人。金履祥，也是"凡天文、地形、礼乐、田乘、兵谋、阴阳、律历之书，靡不毕究"[22]陆文圭，字子方，江阴人，他"博通经史百家，及天文、地理、律历、医药、算术之学。"[23] 还有来自西域少数民族的詹思，"邃于经，而易尤深，至于天文、地理、钟律、算术、水利，旁及外国之书，解究极之。"[24]

除开提倡博学多能的学习风气之外，读书人从亲身经历中对战乱以及女真人、蒙古人征服所带来的巨大破坏极为痛心。例如郝经就认为"金元以来纪纲礼义，文物典章皆已坠没"，"天下之器日益弊而生民日益惫"[25]。但他们依然相信"天之所以兴不在于地而在于人，不在于人而在于道，在于必行力为而已矣"[26]。同时，读书人也清醒地意识到，蒙古人君临中原也是他们必须面对的现实。他相信蒙古人也是可以像元魏、辽、金那样"附会汉法"、"致治成化"的。而蒙古统治者只要"能用士"、"能行中国之道"也便可以为"中国之主"[27]。

郝经之类仕元的读书人期待着能"乘几挈会"，"用夏变夷"，以儒家的安邦经国之道去影响较为开明的蒙古统治者，借他们之力"挽回元气，春我诸华"[28]，以便逐步使乱世走向治世。

这种治学态度和用世思想，很大程度上代表了当时大多数（特别是北方）汉族士人们的思想观念。应该认识到，这种思想观念，对金元之际以及后世清代中华民族的大融合，也具有积极的历史意义的一面。

4. 较宽松的文化氛围以及科举制度的"失常"

科学技术在元代得以持续发展的另一个社会原因，就是元代为人们所提供了一个思想控制相对开明、宽松的文化环境与比较自由的创作空间。人们在元代似乎尚未发现中国历朝历代所常见的文字狱。自唐宋以来文化向平民、向基层倾斜的动向，在元代依然得到继续。与汉赋、唐诗、宋词一并称著的"元曲"，以及《三国演义》、《水浒传》之类人们喜闻乐见的文学作品的出现，还有戏剧文学的发展等等，都证明了这一点。

另外，辽金元轮流改朝换代，而且科举考试在元初全面叫停，一般读书人"平步青云"的步入仕途之路，断续"失常"。还有，两宋即已开始的私人讲学、学院制度等等，在金元之际，在北方，得到发展。这一切对"经世致用"、"博学多能"人才的出现，提供了充分的社会条件。

至于有些人认为元代有"八娼、九儒、十丐"之说，并以此作为说明元代科技不昌的社会理由。这实在是一个误解。正如元史专家们所指出的："为了巩固自身的统治，元朝统治者推行'汉法'即中原传统的各种制度，尊崇孔子和儒术，兴办儒学，中期以后还推行科举取士制度。过去有元代人分十等、九儒十丐之说。其实这是误传。元朝将全国居民按职业和民族分成各种户，称为诸色户计，儒户是其中之一。按照国家的政策，儒户的主要义务是有人上学读书，却可以免当杂泛差役，地位与僧、道户相

近。元朝没有十等户的区分，当然也不存在九儒十丐的问题。从政策规定来说，儒户（元朝士人多数属于儒户，亦有一部分属于其他各种户）和军户、站户、民户等相比，是受优待的。"[1]

元代士人多半承袭宋儒尤其是朱熹的思想[29]。朱熹对元儒的影响颇大。朱熹本人对于科举制度早就有所批评，他说："今郡县之学，官置博士弟子员，皆未尝考其德行道义之素，其所受授，又皆世俗之书，进取之业，使人见利而不见义。"（《衡州石鼓书院记》）他还说："大抵今之学者之病，最是先学作文干禄，使心不宁静，不暇深究义理，故於古今之学，毅力之间，不复察其界限分别之际，而无以知其轻重取舍之所宜。所以诵数虽博，文词虽工，而只以重为此心之害。"（《朱子语类》卷13）总观朱熹生平大部分时间，都是在个人的"书院"里授徒讲学。朱熹的这类思想和行为，正也是与宋学得以形成的社会风气、学术氛围密切相关。而宋儒们的这种价值观取向，被一部分元代的学人所传承，特别是金元之际，战乱频仍，隐居讲学，学院之风盛行。于是便有了刘秉忠的紫金山讲学和"紫金山智囊团"，于是便也有了数学家李冶的封龙山（河北藁城）讲学，于是便还有了著名数学家朱世杰"以数学名家周游湖海二十余年矣，四方来学者日众"[30]，"周游四方，复游广陵，踵门而学者云集"[31]。

5. 兴也忽必烈，衰也忽必烈

众所周知，元代传统科学技术发展顶峰的状态并没有得到较长时期的持续。究其原因，应该说和忽必烈这一政权决策人的关系甚大。真可谓：兴也忽必烈，衰也忽必烈。如前已述，元代科学技术的发展是从忽必烈采纳汉化政策开始的，而且与汉人智囊团——紫金山集团关系甚大。但是随着忽必烈地位上升，特别是当他登上皇位之后，情况发生了很大变化，尤其是在中统三年（1262 年）春发生的李璮—王文统事变之后就更是如此。

王文统（1190？—1262 年）金大定府（今内蒙古宁城）人，金元之际，以所学权谋之术游说于各地权贵之间，最后依附益都（今山东胶东地方）李璮，被留为幕僚，结交甚厚，并将女儿许配李璮。后又经刘秉忠等介绍，王文统深得忽必烈信任。忽必烈即位后，即被任命为中书省平章政事，主管中原汉地政务。1263 年，李璮发动叛乱，被忽必烈相机迅速镇压。因与李璮的关连，王文统以同谋罪被处死。

李璮以汉人世侯身份发动叛乱，并有宰相级人物王文统的"内应"，严重地引起了忽必烈对汉人的猜忌。于是他废除了汉人世侯的世袭制度，加强中央集权，严加对汉人的防范。此外，又在各级政权中引用色目人分掌事权，使之与汉人官僚相互制衡。而前此王文统与紫金山智囊团成员（窦默、姚枢、许衡等）汉人官员之间早已进行了较长时间的"窝里斗"，这也加剧了忽必烈的不信任感。

在元代的法理体制之中，为了巩固自身的统治，忽必烈既推行"汉法"即中原传统的各种制度，尊崇孔子和儒术，兴办儒学，但是同时又有"国俗"（蒙古法理），为了民族主义的利益忽必烈也推行民族压迫和民族歧视的政策，集中表现为将全国居民分为蒙古、色目、汉人、南人四个等级，予以不同的待遇。蒙古人、色目人享受种种特权，汉人、南人则处处受歧视，尤以南人为甚。

李璮—王文统事变之后，忽必烈更加重用色目人阿合马。阿合马是中国历史上罕见的巨贪大奸。由于在财政方面，他能多方搜刮，甚得忽必烈欢心，权势日重，以致独擅朝政。与此同时，忽必烈自身的那些蒙古贵族由于历史原因所形成的嗜利、黩武等性格（与儒家思想格格不入）都有所发展。忽必烈接连派遣军队两次远征日本，还发动了进攻安南、占城、缅甸与爪哇等战争，但都以惨败告终。

虽然医学、水利、建筑、制瓷、造兵等方面仍然不断获得发展，与其他文化领域继续创造共襄大德年间的辉煌之外，天文历法、数学等研究方面几乎停滞不前了。这和紫金山集团成员飘零逐渐退出历史舞台不无关系。此外，天文历法、数学一类学科自身发展的一些内在的原因，内在的规律性，以及它所呈现出来的发展的阶段性，也都是值得深入探索的问题。正如明末徐光启在论及天文历法之所以在元代以后较长时期停滞不前的理由时所做的推论："元郭守敬兼综前术，时创新意。《授时》既就，以为终古绝伦，后来学者谓守此为足，无复措意。三百五十年来并守敬之书亦皆湮没，即有志之士殚力研求，无能出守敬之藩……则是历象一学，至元而盛，亦至元而衰也。"[32] 也不无道理。

参考文献

1. 陈高华. 元代文化史绪论 ［J］. 文苑（网刊），2004，(4).

2. 杜石然. 中国科学技术史·通史卷 ［M］. 北京：科学出版社，2003. 936—946.

3. 钱宝琮. 授时历法略论 ［A］. 李俨钱宝琮科学史全集 ［M］. 卷9. 沈阳：辽宁教育出版社，399—425. 3期杜石然：论元代科学技术和元代社会 301

4. 陈美东. 郭守敬 ［A］. 杜石然. 中国古代科学家传记 ［C］. 下册. 北京：科学出版社，1993. 673—677.

5．（清）罗士琳．朱世杰［A］．罗士琳．畴人传续编［C］．北京：商务印书馆，1955．

6．杜石然．朱世杰研究［A］．杜石然．数学·历史·社会［C］．沈阳：辽宁教育出版社，2003．

7．（清）永瑢，纪昀，等．四库全书总目提要·农桑辑要［M］．台北：台湾商务印书馆，1983．中华书局，1965

8．王毓湖．中国农学书录·王祯农书［M］．北京：农业出版社，1964．111．

9．郭文韬．王祯［A］．杜石然．中国古代科学家传记［C］．下册．北京：科学出版社，1993．713．

10．廖育群．中国古代科学技术史纲·医学卷［M］．沈阳：辽宁教育出版社，1996．114—115．

11．杜石然．试论宋元时期中国和伊斯兰国家间的数学交流［A］．钱宝琮．宋元数学史论文集［C］．北京：科学出版社，1966．248—251．

12．（明）许濂，等．元史·刘秉忠传［M］．北京：中华书局，1976．

13．姚枢．祭文［A］．（元）刘秉忠．藏春诗集·附录［M］．卷6．北京图书馆古籍珍本丛刊·集部·金元别集．

14．（元）张文谦．刘秉忠行状［A］．（元）刘秉忠．藏春诗集·附录［M］．卷6．北京图书馆古籍珍本丛刊·集部·金元别集．

15．（元）苏天爵．元朝名臣事略·内翰王文康公［M］．卷12．北京：中华书局，1985．

16．（元）苏天爵．元朝名臣事略·太史王文肃公［M］．卷

9．北京：中华书局，1985．

17．（元）王磐．刘秉忠神道碑［A］．（元）刘秉忠．藏春诗集·附录［M］．卷6．北京图书馆古籍珍本丛刊·集部·金元别集．

18．（明）宋濂，等．元史·许衡传［M］．北京：中华书局，1976．

19．（明）宋濂，等．元史·窦默传［M］．北京：中华书局，1976．3730．

20．郝经年谱［A］．（元）郝经．陵川集［C］．卷首．文渊阁《四库全书》本．

21．北风亭记［A］．（元）郝经．陵川集［C］．卷26．文渊阁《四库全书》本．

22．（明）宋濂，等．元史·金履祥传［M］．北京：中华书局，1976．4316．

23．（明）宋濂，等．元史·陆文圭传［M］．北京：中华书局，1976．4345．

24．（明）宋濂，等．元史·詹思传［M］．北京：中华书局，1976．4353．

25．思治论［A］．（元）郝经．陵川集［C］．卷18．文渊阁《四库全书》本．

26．时务［A］．（元）郝经．陵川集［C］．卷19．文渊阁《四库全书》本．

27．立政议［A］．（元）郝经．陵川集［C］．卷32．文渊阁《四库全书》本．

28．（元）苟宗道．郝公行状［A］．（元）郝经．陵川集［C］．卷首．文渊阁《四库全书》本．

29．（清）黄宗羲．宋元学案［M］，北京：中华书局，1986．

30．（元）莫若．序［A］．（元）朱世杰．四元玉鉴［M］．中国历代算学集成本．济南：山东人民出版社，1994．

31．（元）祖颐．后序．（元）朱世杰．四元玉鉴［M］．中国历代算学集成本．济南：山东人民出版社，1994．

32．（明）徐光启．徐光启集·崇祯历书·历书总目表［M］．王重民辑校．北京：中华书局，1963．

附录3 探索郭守敬的科学思想与方法

潘 鼐

　　提要：郭守敬是十三世纪我国的一位卓越的科学家和工程师。探索他从事科学工作的思想与方法，将会令人从中得到教益。在他大量的科学实践中，他始终掌握住操作实验和观察量度两个基本环节。测定冬至时刻计算回归年长度时，他革新了物质工具，改进了测量的方式方法，在多次成功的测定中再现了相同的结果。他对传统知识运用自如，对前人成就择善而取，进行解析，改良和利用。通过改进和创造，取得了新的成功。授时历能够成为古历中最优良的历法，就是在这种思想指导下产生的。他办理西夏的河工水利工程也体现出这方法的有效性。

　　通过组织集体的智慧，他出色地完成了科学技术管理工作。用调集上都、大都、故宋临安的司天监人员，访求民间人士以及培养青年人等办法，他汇聚各种力量和智慧，藉以完成仪器制造，四海测验、数据计算和历法的制定。又如引白浮泉水开浚著名的通惠河，亦仅化一年半时间便竣工。保持和发扬独立思考能力，也是他取得成功的重要因素。观测不同地域水流的变化，他得出了测量学上高程的概念。他还创制了不少新的机械和仪器。这都反映出他善于独立运用感官知觉和思维能力，凭藉才华获得重要的成就和发现。从他的一生中，使人感到他的思想方法和逻辑思维与近代科学技术工作的要求是相吻合的，是一位典型的科学家。

我国元代初年的郭守敬（1231~1316）是历史上一位卓有成效的科学家与工程师。七个半世纪以来不断有人表彰他在科学事业上的贡献，继承他的科学和研究成就。郭守敬卓绝的创造与业绩，自有他达到如此境地的必然性"他山之石，可以为错"。（《诗经·鹤鸣》）研究论析他从事科学工作的思想与方法，可以为我们当前的借鉴。下面就这问题作一些探索。

一、重视和掌握构成科学实践的基本要素

科学实践常由操作实验和观察量度两个重要环节构成。动手操作进行实验或实测，每每需要革新工作过程中的物质工具，主要为仪器。严密观察是一项复杂的过程，又常需要通过量度来获取所期望的结果。两者有机地相互结合，向前发展，会促使科学技术向前迈进。天文学上则实测与观察更常依存并举。郭守敬的事业颇能体现出这思想方法的有效性，也验证了它的重要性。

为了求得回归年长度，他从求取冬至的准确时刻着手。为此他曾在大都"积日累月" [11] 进行操作测量日影。他创造了前所未有的新仪器高表及其配件，自至元十三年起，化费了三年半时间，作了约两百次的实测，观察捕捉日中之影精密地量取长度。他说；天道运行，如环无端，治历者必就阴消阳息之际，以为立法之始。阴消阳息之机，何从而见之？惟候其日晷进退，则其机无所遁。" [1] 测影本是自古以来的传统，但郭守敬与众不同的是

在于他抓住科学实验的这两要素长期坚持作大量的重复的实验，以谋取精确的结果。他测算各年冬至、夏至，都是"自远日以及近日，取前后日率相坪者，参考同异"。而不是"偏取一二日之景，以取数多者为定"[1]。像测定至元十六年冬至时，他在三个多月内，选择晴天作了二十九次日影测量，推算得十六个冬至时刻都是十一月初八戌初二刻，全相吻合。我们知道科学上成功的实验必须能够再现，郭守敬的作为是合乎这一要求的。在操作过程中，他又对工具作了革新。他指出："历之本在于测验，而测验之器莫先仪表"[1]，道出了关键所在。划时代的改革为创制四丈高表，至今，其模式—登封观星台遗迹尚存。量度是与实验（实测）同等重要的环节。郭守敬在测影中用三条线锤锤尖作起点，以景符取横梁针孔像为终点，保证被量的尺度木身具有相当高的精度，这是量度上的重大变革。再用抓住瞬间的严密观察与准确的量度，因而使冬、夏至时刻的测定值都能得到多次成功的重现。

科学研究中最重要的始终是人的头脑。显而易见郭守敬的考虑是将这工作分成了五个项目：1. 仪器的高度与顶部结构，2. 仪器的铅直与水平位置的标定方式；3. 影子长度起迄点的取定与量度的具体方法；4. 计算方式的改进；5. 反复实验取得科学上的再现。结论是：冬、夏至的时刻是可靠的，回归年的长度是精确的。由此可知郭守敬的思考能力是卓越的，能作周到的考虑和精心的构思，从而使他在科学实验中能掌握这两项基本要素，符合于客观规律，并得到了巨大的成功。

这种科学方法的运用自如亦散见于其他许多事例。求冬至日躔即太阳在天球上的位置时，他细致地做操作实验，利用"望月

食"，或采取"每日测到太阳躔度，或凭星测月，或凭月测日，或径凭星度测日"等多种方法，整整经三年。仪器有新制的简仪，仪器上刻度，比之前代增加了度以下的细分。单位改成百进位小数制。每次测定时又须对方位、时刻等都作精细的观察和量度。从成功的科学再现角度来说，共测量一百三十四次，结果都是日躔箕宿十度，等等。

二、运用知识的传统

传统知识是科学的根源。科学发展的历史显示，不利用前人已得到的知识而纯粹作完全新的发现，几乎是不可能的。我们今天所得到的丰硕的科学知识的宝藏，都是从纵向的历史上和横向的地域间，汇集科学家们的贡献像后浪推前浪般地积聚起来的。评析和利用别人观察到的现象与实践所得的结果，这是现代科学基础的一项基本原则。从文献可知郭守敬以及他的合作者忠实地遵循了这一基本原财。修订授时历时，他们的思想准则是，首先查考我国一千三百年来七十余次改历的经验教训，总结四十余家历法的特点与得失。自然这是许衡、王恂等人与郭守敬共同进行的，不能归功于一人，分见于各家的记传。但是在齐履谦所著《知太史院事郭公行状》中，唯独为郭守敬详述了传统历史上"创法者十有三家"的突出成就，可见得郭守敬是抓住重点作了一定的研究的。

我们若解剖授时历，列出它"顺天以求合"[1] 有显著效果的组成部份，溯本探源，不难发现许。多地方确是利用了前人的成果。授时历的废除上元积年、采用岁实消长便是一例。前者先有唐曹士茹截元用显庆五年近距，又经马重绩取天宝十四年作历

元，复有宋杨忠辅虚设上元距绍熙五年而至庆元五年，这是授时历不用上元积年而以"至元十八年岁次辛巳为元"的先导。从截元而至废除积年，可谓水到渠成。后者杨忠辅创斗分差已知岁实有消长并逐年迭减；通过折算可知其采用值为百年约加减一分零六秒弱。这就是授时历"周岁消长、百年各一"所宗。从暗立而至明设，实系术有所木。清初的梅文鼎说："宋历……尤莫善于统天"。郭守敬等人是从实际上吸取了统天历的这两大特点的。正因为他们在进行总结的基础上承袭前代历法家的传统知识，在丰富的前代历法宝库中择善而取，有选择地继承科学遗产，进行解析、改良和利用。

所以授时历的科学基础是牢固的，其成就是比较全面的。梅文鼎曾指出这一点说："授时历集古法之大成，自改正七事，创法五端外，大率都因古术"。除前述岁实消长外，他列举五星运动及定朔等许多问题，指出郭守敬他们曾利用了耶律楚材、杨忠辅、李淳风等许多人的成就。他办理的河工水利工程也是如此，始终贯彻了继承前人成果，善用知识传统的基本原则。西夏的引黄灌溉工程，河道网和河工设施是复杂的。三万多平方里幅员内，大小渠道八十条，受益农田达九万多顷。兵祸连结之际，蒙古部落的破坏，造成"废坏淤浅"情况是够严重的。郭守敬重视传统的治理方式，从记载上仅有的"因旧谋新，更立闸堰"八个字来看，就很明显。尤其在时间上"不逾时"，从年份排比，不过一年左右，使"渠皆通利"，工程便完成了。这都是运用前人知识成果的光辉成就。

运用知识传统的过程中，往往容易轻易地迷信书本上的结论或述说。十七世纪英国哲学家法兰西斯·培根曾指出："读书时不

可故意诘难作者，也不宜全信书上的话。……应该仔细斟酌判别"。我国也有古话道："尽信书不如无书"。郭守敬一生"集古法"的工作，既采用了传统知识的合理的核心，又舍弃了上元积年、日法等旧法，并重新作多种实测，可说是做到了这两点的。

科学家的某些设想和发现，除物质条件不具备等客观原因外，时常会由于哲学上或习尚上的原因，或受到原有观念的束缚而被怀疑等原因，因而遭到反对。更由于伴随着反对而来的批评与责难，会受到抵制。于是，最初的发现或设想时常会失去被深入研究的机会，未能得到开拓，也没有被充分利用。所以科学发展过程中常揭示出，当有人提出一项设想、方法或措施时，往往会发现别人早已在先前提出过了，或者类似地提出过了。利用他人原已有过的设想、方法或措施，运用前人的初步发现，加以澄清、证认和应用，从而取得新的发现，揭露出具有更重要意义的知识，这是运用知识传统的一个重要环节。郭守敬在某些重大问题上是取得这种成功的。像定朔的采用，早先刘宋何承天曾企图修正平朔，隋刘悼曾推算过定朔，唐傅仁钧曾应用而不果，李淳风使用时又改变了方式。王询、郭守敬则在这传统上先作精确的计算，定出合朔的准确时刻，随即在授时历中正式取用定朔。日月合朔必定出现在初一的日子从此确立下来。

至元十九年又出现八月后连接四个大月，勇敢地打破了历法上的陈规。但这并不是他们完全独创的，而是在知识传统的基础上，通过更精详的观测和更周密的计算而确立下来的。

三、汇集和组织集体智慧

郭守敬他们思想方法和工作方法的又一特点表现在善于汇集和组织集体的智慧。在郭守敬"创法凡五事"中用以计算日月五星运动的垛叠招差法与弧矢割圆术，元初以前还没有出现过。一般认为是他们集体研讨所得。据记载，王恂与许衡在上奏元世祖忽必烈时说："臣等合朔南司历官遍考历书四十余家，昼夜测验，创立新法"。又记杨恭懿等奏道："臣等遍考自汉以来历书四十余家，精思推算……创立新法，推算成辛巳历"。当然他们不见得在诸事并举的一两年内，百忙之中就突然创立了新的计算方法。所以，认为郭守敬青年时代在紫金山与王恂从学于刘秉忠、张文谦、张易等人时，他们就已一起共同研讨了这些计算方法，在改订新历时又集体作了定论、敷演和应用；这种判断当是合乎逻辑的。可是王恂负责改历仅阅五载便谢世；杨恭懿共参其事才历两年，许衡同负其责亦只四度春秋；两人都告老还乡。而关于理论归纳、实用数表及各种资料的整理编写任务，嗣后多年都由郭守敬一力完成，故后世每将创造都归之于郭守敬；作为一个享高年的代表人物，我看这也是可以以他为象征的。

整个新历的制订，曾经作过庞大致密的组织工作。成立太史局时，先将大都及上都南北二司天台的人员进行挑选；同时亦集中了从故宋临安北迁的司天监人员。王恂虽负责安排人事，但两次访求民间谙熟天文历法人士，却都由忽必烈委托郭守敬担任。他设计并建造了新司天台，又设立学校训练星历生作辅佐，第一期七十人，还细分设推算、观测及刻漏三个专业。又如组织规模空前的四海测验队伍之后，为了编纂文献和改进基本数据的需要，颁历后又陆续遣人往全国去作晷影测量与日月交食验算，更远去占城测量日影。太史院与司天台也分工明确："颁历之政归院，学校之设隶台"。这等规模的组织力量，发动大批专业人员分工协作，更培养青年为后继，在许、王、杨、郭一付坚强班子领导下集体智慧的发挥，看来当是保证授时历以最高质量迅速完成的基本条件，也是授时历得以成功的重要关键。

郭守敬实施科学技术工作，在严密的组织下，还有严格的计划性。邢州修治河道，征调民工四百余，费时只四十多天，西夏疏复古渠，大面积水利工程，不过一年光景；引白浮泉浚治通惠河，耗三百万工日，亦仅化一年半。这些，如缺乏周密的安排与合理的计划是办不到的。制历中制造仪器，先用木制以应急需，再用铜铸以垂永久；又深谋远虑在五处重要地点分设仪表，其中更有砖砌的登封测影台。派十四队作全国二十七处测量，有高表也有传统八尺表，五年后更派人多方作复测和补测以资验证并求完备。若非思想上对群策群力妥善规划有认识有决心，并在实践中进行严格的组织管理，那是很难做到的。

学术讨论常有助于创造性的思维活动。讨论能集中各人的智慧，从不同的角度提出有益的见解、建议和新的方法，相互补益，揭露谬误；既能在遇到困难时给人以鼓励，又可在相互启发中突破旧框框的限制，豁然进入新境界。郭守敬他们，不论早年在紫金山三载共学，或尔后于制历时四年共事，都是在互相信任和互相帮助的气氛中从事研习的。出山后的推荐保举和融洽相处，可以想见当初的切磋琢磨精神；制历的过程繁复和结果圆满也能证实太史院的分工合作具有高度的效能。虽太史院初期的郭守敬并非首脑，但从他任务繁重以及中后期工作的成效卓著来判断，那

未，在太史院组织集体以汇集众人的智慧这一巨大成功中，他当是起了一定的主导作用的。

四、实践中发扬独立思考沿着选定的道路前进

保持独立的思考能力，总是科学家成功的重要因素。观察郭守敬的作为，在他身上很能体现出这一特征。

少年时代凭一幅图，他就用竹篾扎起了古代的浑天仪。宋室南渡后人们都已不理解《新仪象法要》上所阐明的水运仪象原理，诸葛亮的木牛流马素来人说纷纭莫衷一是，郭守敬却把它们都一一复原了。他从两地的水流峻急与缓慢变化得到启示而"以海面较京师至汴梁地形高下之差"，从而得出了近代地形测量学上高程的概念。又从窥管"以管望星，渐远则所见渐展，尤难取的"的缺点，改革成"结线距端……以两线相望，劈取其正中"，因之能将测量的读数增加到"度之分之秒之数"，等等。直到老年，郭守敬的各种创造始终像断线珍珠般出现；读他的年谱更可以发现其中年份的间隔从来不长。如果不是避免因循守旧而经常保持独立的思考能力，他是无法连绵不断得出那么多业绩的。

锐敏的持续的思考能使人始终沿着选定的道路前进，直至取得成功。郭守敬的独立思考又是同躬亲实践相结合的。实践是他在前进道路上最突出的特点；观察又是他在实践中所常用的手段。近代的观察包含感官知觉和思维两部份。有效的观察所感知的现象，会同以往经验中有关的事物和经过悉心注意与思考归纳所得的知识发生联系，运用思维凭籍才华，便能导致重要的成就或发现。郭守敬数十处水利工程之所以成功，就因为他在不断实践中通过详审细察，将感知到的事物，通过独立思考，提出方案和目

标，定下方针和道路，循序前进，从而取得成功。他初见忽必烈
"面陈水利六事"，绝大部分都是他在大名路及彰德路当张文谦随
员时观察所注意到和思量过的。至于燕京金口河之重开，更在京
口西预开减水口防洪；沿黄河故道纵横数百里皆为"测量地平"
随而作出"分杀河势"与"灌溉田土"的筹划；引北山"白浮泉
水西折而南、入城环汇于积水潭"；浚通惠河时"为闸七……置斗
门……以过舟止水"，置闸之处往往挖出"旧时砖木"，等等。所
有这些建树和创造，都足以表明他经常从实践中观察思索，以探
究的态度来注视客观事物，寻觅存在的特征与特点以及各事物相
互间的联系，然后运用自己的才能通过独立的思考，确立方向深
入研究，才能在选定的道路上前进，达到目标取得成功。

此外，在创造简仪、仰仪、高表等问题上，都可以看到他作
为一个科学家长期保持独立思考能力的素质。

五、优秀科学家的典范

考查郭守敬的一生，使人感到他的思想方法和逻辑思维同近
代科学技术的要求是相吻合的。虽然他有时代的局限性，也有缺
陷，但分析他在科学技术上作出新发现的思想方法，总结他在工
作中的经验要点，找出他的可供为学之参考的指导原则与思维方
式，那些具有普遍意义的观点，则对我们的科学事业可令人得
"古为今用"的教益。

郭守敬既有聪敏的资质，能进行自我训练，亦富于想象力。
他少年期仅依靠祖父指导，青年时只入山从学三年，除此之外，
胥赖自学。他所擅长的科学技术门类如此众多，并皆精通，主要
是从自我训练得来的。这也证明有独创性贡献的科学家常常是兴

趣广泛的人。科学研究的训练，首先是实践中的自我训练。郭守敬依一页图纸便扎制竹浑天仪，从一份拓片就熟悉莲花漏，一当随员即乘机鼓铸漏壶并加改进，这是自我训练良好的起首，发挥想像力的开端。想象会引导科学家发现新的事实，还会激发人们作出新的努力。于是，不光是浑仪拆散为简仪，还有景符、正方案、仰仪、窥几等等一连串仪器都设计并制作完成。但想像力仅能将人带入尚未知晓的世界，还须凭藉知识和思考，才能在摸索中判断真伪，找到通向前方的阳关大道，达到有所发现的期望和目标。郭守敬在他那历金代到蒙古入主的混乱时代里，他的独创精神不单由于他的资质，更源于他不囿于个别学科而通过自我训练得到的博学，以及活跃丰富的由设想、推理与探究组成的思维。所以屏香漏、水浑运浑天漏、结线代窥管、高表的细部结构等都先后创制出来了。

他坚持勤奋工作的态度，有强烈的事业心。从而立之年到宣老高龄，四十多年中郭守敬工作繁忙，一项接一项从不间断。他的发现和创造，尽管品类不同，性质迥异，也是一件又一件连续问世。排一排他的年表，可统计出已经著录于文献的他的成绩如下：

（1）负责治理河工水利及航运工程近五十项。

（2）主持修建大型水路交通及灌溉工程三项，即修复西夏古渠网，建立华北水驿，浚挖白浮渠及通惠河。

（3）进行大规模地形测量与天文测量八次，包括黄河北部数万平方公里的大地测量，自燕京至河南的水平测量；四海测验二十七处及补充测量若干处；全天恒星测量；晷影测量约二百次；日躔测量归算得一百三十四项；以及月亮行度与去极度测量等。

（4）参加创造数学方法五项，考正天文数据七项，又废除旧法二项，共十四项。

（5）制作天文及计时等仪器二十六种，图表五种，共三十一项。

（6）编撰天文历法著作十四种一百二十四卷，测量图志一种，共十五项。

英国的喀莱尔曾说："天才就是永不休止地刻苦努力的能力"。这句话可以概括郭守敬一生勤奋的工作。他保有坚韧不拔的工作精神和克服困难的坚强毅力。罗列郭守敬的事迹，能给人以他几乎把全部身心都投入于科技事业的强烈印象。少年时仿作浑天仪还要按传统"积土为台"。第一次为京师槽河引玉泉水无结果，他懂得不能抱住无效的设想不放，必须加以修正，后终于引白浮泉入城进通惠河。重开金口河有利于京西灌溉及木材运输，但当若干年后河水大发时他能理解到不可热衷于当初的愿望，必须作出客观的判断，于是他先闸断水流，在更不利情况下又堵塞河床，以杜绝水患。

从至元十三年开始，一边用旧仪器测量，一边制造新仪器，来不及则用木制代替。又"以新仪木表与旧仪所测相较，得今年冬至暑景及日躔所在与列舍分度之差，大都北极之高下，昼夜刻长短"。至元十六年刚"奏进仪表式样"，而十七年二月已进呈新编的至元十八、十九两年的新历。这段短暂时间内，既要制造仪器，又要进行各种测量，同时更须"参以古制，创立新法，推算成辛巳历"。其中最艰巨的制仪与测量，都是郭守敬负责的。没有坚毅而又不畏困难的精神的话，显然是做不到的。随后四年，修撰全书 14 种 124 卷，包括数以千计的测量与数不尽的立成计算，

同样也表现出他不疲倦的工作精神。

他热衷于科学技术，广泛求知，勇于实践。郭守敬的门人齐履谦从郭守敬多方面的贡献来评议他说："公以纯德实学为世师法，然其不可及者有三：一日水利之学，二日历数之学，三日仪象制度之学"。其实水利之学还包括测量学，历数之学还包括天文学，仪象制度之学更包括机械学。他事业上的成就，范畴之广，即使在世界科学技术史上亦颇罕见。凡有重要的独创性贡献，他必须对科学有热衷的心愿，科学必须成为他生活的主要构成部份，方才能有所创造、发明和发现。精擅多种学科反映他有旺盛的求知欲。从他试铸宝山漏、探求黄河之源、率众顺黄河上游东下、跋涉作大地测量、创制不同类型仪器、躬自参预四海测验、数制各式异形漏、预言上都洪水等等来看，他特别重视实践，并且实践的目的性非常明确。

科学技术的发展历史告诉我们，有的科学家工作有条不紊，进行积累，又作归纳，使各种发现趋向于完善；有的科学家则设想丰富，不断演绎探求，走向新的领域。将郭守敬的贡献加以分类，可谓兼而有之。美国的糜斯与贝克尔曾提出看法说："实用的科学发现和技术创造，往往有三种不同类型的研究方法：一是作理论的综合，二是进行观察和实践；三是从事发明"。他认为在一个人身上若能具备不止一种研究方法，那是少有的。虽然这主要是指现代的科学技术，可是郭守敬曾在数理天文学上"改正七事，创法五端"，又在地形与天体测量领域作过广泛测定，兼且创造发明新仪器多种；事例多端，性质各异，造诣之深，令人叹服，允称集三才于一身，实为不可多得的人物，是一个值得总结学习的典型的科学家。

参考文献：

[1] 明初宋濂等．元史·郭守敬传

[2] 邢台市郭守敬纪念馆编．郭守敬及其师友研究论文集．1996

[3] 陈美东．郭守敬评传［M］南京大学出版社，2011（04）

[4] 水利部黄河水利委员会．黄河水利史述要［M］水利出版社，1982

[5] 潘鼐，向英．郭守敬［M］上海人民出版社，1980

[6] 蔡蕃．北京古运河与城市供水研究［M］北京出版社，1987

[7] 潘树人．试探有个郭守敬仪器的几个悬案［J］自然科学史研究，1982（2）

[8] 李迪．对郭守敬"大明殿灯漏"的复原研究，1987

[9] 杨桓．高表铭．元史类

[10] 齐履谦．知太史院事郭公行状

[11] 王荣彬．关于中国古代至日时刻测算法及其精度研究［J］清华学报，1995（4）

[12] 赵建坤．孟朋文，浅谈郭守敬治水成就及成功经验［J］邢台学院学 2003，18（4）

[13] 路征远．王雄．元代通惠河的修治［J］内蒙古大学学报（人文社会科学版）2005，37（5）

[14] 李殿魁．正确认识和善待京杭大运河［J］山东经济战略研究 2001（11）

[15] 刘延恺．纪念郭守敬与保护北京古都风貌［J］北京水利 2003（3）

［16］孙景亮．论京杭大运河恢弘的大水利规划思想与借鉴 ［J］水利规划与设计 2010（1）

［17］冉苒．郭守敬治水的思维特征 ［J］华中师范大学学报 （自然科学版）2000, 34（2）

［18］子荷．郭守敬治水 ［J］中国减灾 2010（8）

［19］孙英杰．玉河历史文化风貌保护项目之实施 ［J］北京规划建设 2010（2）

［20］张廷皓．于冰．Zhang Tinghao. Yu Bing 京杭运河水运、水利工程及其遗址特性讨论 ［J］中国名城 2009（6）

［21］孙景亮 论京杭大运河的规划思想与传承 ［J］南水北调与水利科技 2004, 2（6）

［22］《元史·历志》一

［23］张溥《元史记事本未》

［24］梅毅成《梅氏丛书辑要》

［25］风文．大禹治水彪炳千秋 ［J］中国减灾 2008（7）

［26］侯仰军．考古发现与大禹治水真相 ［J］–古籍整理研究学刊 2008（2）

［27］谢剑荣．郭守敬与京杭大运河的建造 ［J］河北学刊 2007, 27（4）

［28］姜东成．元大都孔庙、国子学的建筑模式与基址规模探析 ［J］中国名城 2011（3）

［29］唐玉恩．2010 日本历史建筑考察报告 ［J］建筑创作 2011（3）

［30］张慧．赵晓峰蒙、汉文化影响下的元代都城建设 ［D］ 2007

［31］顾建平．元代的北京城［J］北京档案 2011（6）

［32］林晓萍．郭守敬与观星台［J］中学生数理化（八年级物理人教版）2007（10）

［33］曾晓娟．元大都形象初探—论中西方文化视角下的元大都［D］2008

［34］周佩妮．元代开城安西王府的建筑规模及文化内涵［J］宁夏师范学院学报 2008，29（2）

［35］薛富兴．元明清美学主潮［J］中州学刊 2006（6）

［36］张亚莎．Zhang Yasha 元朝西藏建筑艺术综述［J］西藏大学学报 2009，24（2）

［37］李丹．元代大天文学家郭守敬［J］科技文萃，2005（6）

［38］李银姬，韩永浩．郭守敬的《授时历》和朝鲜的《七政算内篇》［J］中国科技史杂志，2010，31（4）

［39］李银姬．文重亮国朝历象考 2005

［40］沈震，尼米聪，华朋惠．郭守敬故里——郭村文物调查［J］邢台学院学报，2003，18（1）

［41］李元．夏夜观星［J］知识就是力量 2003（7）

［42］赵尚泉．感天动地的宇宙版《星语心愿》［J］大科技·科学之谜 2010（4）

［43］谢剑荣．我国现存最早的天文台建筑——元·观星台［J］建筑 2001（2）

［44］叶书雅．"爱哭"的狮子［J］大科技·科学之谜 2009（8）

［45］沙狐球——第三时尚运动／高尔夫运动——带给你氧气与阳光［J］科学大观园 2002（10）

［46］赵建坤．孟朋文浅谈郭守敬治水成就及成功经验 ［J］邢台学院学报 2003，18（4）

［47］刘延恺．纪念郭守敬与保护北京古都风貌 ［J］北京水利 2003（3）

［48］张培瑜等．中国天文学史大系·中国古代历法 ［M］．北京：中国科学技术出版社，2008

［49］吴守贤等．中国天文学史大系·中国古代天体测量及天文仪器 ［M］．北京：中国科学技术出版社，2008

［50］李迪．对郭守敬玲珑仪的初步探讨 ［J］．北京天文台台刊，1977，（11）．

［51］陈久金．中国天文学史大系·中国古代天文学家 ［M］．北京：中国科学技术出版社，2008；431．